오늘부터 세계시민 01

처음 시작하는 너와 나의 인권 수업

홍명진 지음 | 이진아 그림

차례

여는 글 **1급수 물고기처럼 헤엄치기** 5

1장 인권의 첫걸음
생각 속의 인권, 문서가 되다 10
인류 모두가 따라야 할 가치 14
세계 인권 선언의 탄생 19
AI 김춘배와 문어 선생님 24

`인권 교실` 노비 막동이 이야기 29

2장 인권의 내용
다국적 친구 4명의 차별 이야기 32
국가가 있는 이유 37
인간다운 삶을 누리기 위한 권리 41
내 마음은 나의 것 45
벌거벗은 임금님과 언론 출판의 자유 49

`인권 교실` 인권 가방을 챙겨 봅시다 54

3장 나의 인권과 너의 인권

나는 소중하다 58
연필 대신 연장을 든 아이들 62
양성 평등의 시작 66
찰리와 초콜릿 노동조합 72
인권 교실 식량권, 모든 인류의 권리 76

4장 인권을 둘러싼 고민들

서로 다른 권리가 충돌할 때 80
호텔 같은 노르웨이의 감옥 84
인권 교실 사형 제도가 폐지된 이유는? 88

5장 새롭게 생겨나는 권리들

쿠르디와 난민 가족의 이야기 92
우리 시대의 권리들 96
돼지도 행복하고 싶다 99
인권 교실 모차르트에게 저작권이 있었다면 104

6장 인권과 차별

차별은 못 참지! 108
차별적인 언어 112
인종 차별 뛰어넘기 117

`인권 교실` 공부 없는 나라 122

7장 내 삶 속의 인권

절대로 작아지지 마 126
마동석 아저씨와 빨간 모자 129
우리 모두는 행복할 권리가 있다 134

`인권 교실` 갑질 고객과 오영우 138

여는 글
1급수 물고기처럼 헤엄치기

인권은 아주 거대한 이야기입니다. 인류 역사의 수많은 사건 속에서 사람들은 인권을 위해 피를 흘렸고, 인권은 한 걸음씩 앞으로 나아왔습니다. 지금도 인간다운 삶의 조건을 빼앗기고 박해와 폭력을 당하는 곳에서 많은 사람들이 인권을 지키기 위해 노력하고 있습니다.

하지만 동시에 인권은 작은 이야기입니다. 우리는 일상에서 수시로 인권의 가치를 만납니다. 인권은 우리가 주고받는 **대화** 속에도 있고, 다른 사람을 대하는 **마음가짐**과 **태도**에도 있습니다.

사람들은 인권에 대해 어쩌고저쩌고 곧잘 말합니다. 인권은 생각과 개념을 담은 어렵고 무거운 말로 느껴지기도 하지만 **실천**의 문제이기도 합니다.

인권은 우리가 그 속에 푹 젖어서 살아가는 환경입니다. 물고기가 살아가는 계곡물에 비유해 보면 좋겠네요. 우리가 송사리, 모래무지, 꺽지, 버들치 같은 민물고기라면 깨끗한 물처럼 중요한 게 없겠지요. 물고기에게 산소가 풍부한 맑은 물이 필요하듯 인간에게는 바람직한 인권이라는 환경이 필요합니다.

수질 오염 때문에 탁하고 고약한 냄새가 나는 물이 되면 어떤 일이 벌어질까요? 물속에 산소가 부족하면 물고기는 수면 위로 입을 내놓고 뻐끔뻐끔하다 결국 죽어서 물 위에 둥둥 뜨게 됩니다.

**인권을 무시하고 탄압하는 사회에서는
우리도 이런 물고기와 비슷한 처지입니다.
숨이 막히고 생명의 위협을 느끼지요.**

하지만 물고기와 달리 인간은 더 나은 인권 환경을 위해 적극적으로 노력하고 싸웁니다. 사람에게는 주어진 환경을 바꿀 능력이 있으니까요.

이 책은 우리가 인권을 어떻게 이해하고 실천할지 함께 고민하기 위해 쓰였습니다. 이 책의 목표는 네 가지예요.

❶ 인권이 우리에게 왜 필요한지 머릿속에 개념 장착!
❷ 인권의 내용을 파악한다. 이런 것도 저런 것도 인권이라는 사실!
❸ 인권이 나에게도, 다른 사람들에게도 있다는 사실을 똑똑히 안다.
❹ 다른 사람들의 인권을 존중하고 소중히 여기는 행동을 실천한다.

어디서 어떤 모습으로 살아가든 인권의 문제는 우리를 늘 따라다녀요. 어른뿐 아니라 어린이도 마찬가지예요. 나를 비롯한 주변 사람들의 인권에 대해 생각해 봐야 합니다. 일터나 사회 활동 속에서도 인권은 우리가 온 마음을 기울여야 하는 문제이지요. 나이를 먹는다고 자동으로 존경할 만한 어른이 되는 것은 아닙니다. 계속해서 노력해야 해요. 그중 하나는 인권을 소중히 여기면서 주변 사람을 배려하고 존중하는 것입니다.

이 책을 읽고 우리 모두가 인권을 소중하게 생각하는 사람이 되면 좋겠어요. 이런 마음이 늘어날 때 우리가 사는 환경은 1급수처럼 깨끗해질 것입니다. 바닥의 모래알을 셀 수 있을 만큼 맑고 투명한 물 말이에요. 그곳에서 우리는 산천어나 열목어처럼 기분 좋게 물살을 가를 수 있겠지요.

PART 1

인권의 첫걸음

생각 속의 인권, 문서가 되다

피라미드, 만리장성, 콜로세움 같은 거대한 건물을 보면 어떤 생각이 드나요? 그 웅장함에 '우아!' 감탄이 나오겠지요. 다음으로는 그 건축물을 짓느라 동원된 노예와 가난한 백성들이 떠올라요. 고대와 중세 시대 사람들은 왕과 귀족들에게 언제나 착취당하기 일쑤였어요. 수시로 전쟁터나 성벽 쌓기에 동원되고 곡식과 가축을 빼앗겼거든요. 재판도 없이 감옥에 갇히는 일도 많았고, 잔인한 처형이나 고문이 마을 광장에서 보란 듯이 벌어지기도 했어요.

당시 세상은 철저한 계급 사회였어요. 지금은 온라인 게임에서나 계급을 따지지만 그때는 어떤 계급으로 태어나느냐에 따라 인생이 결정되었어요. 양반이나 귀족 가문에서 태어나면 큰 저택에서 하인과 시종을 부리며 편안하게 살 수 있었지요. 반면에 평민이나 노비로 태어나면 평생 남의 밭만 갈거나 높은 계급 사람들의 시중을 들며 살아야 했고요. 신분에 따라 자유와 권리가 제한받는 건 당연한 일이었어요.

노예 제도가 있던 유럽과 미국에서 노예는 가축이나 물건과 다를 게 없었어요. 노예를 물물교환하듯 설탕과 바꾸고 엄마와 아이를 1+1 상품처럼 끼워 팔았지요. 18세기가 되자, 프랑스와 영국에서 등장한 여러 사상가들은 이렇게 주장했어요.

인간은 누구나 자유롭고 평등하게 태어났다.
인간에게는 신으로부터 받은 자유와 권리가 있다.
이 권리는 남에게 줄 수도, 빼앗길 수도 없다.

이런 생각은 당시 영국의 식민지였던 미국이 독립을 선언하며 발표한 **미국 독립 선언문**(1776년)에도 담겨 있어요. 또 시민들의 힘으로 왕을 몰아낸 프랑스 혁명 때 발표한 **프랑스 인권 선언문**(1789년)에도 그대로 이어지지요. 이처럼 약 250년 전에 **인권**이라는 말은 글자로 기록되어 사람들에게 알려졌어요. 인권이 말만이 아니라 문서로 선언된 인류 역사의 중요한 순간이지요.

지금은 우리가 자유롭게 살아가는 게 당연한 일이에요. 하지만 당시에는 모든 사람이 자유롭고 평등한 권리를 지녔다는 것이 아주 놀랍고 믿을 수 없는 이야기였어요. 자유와 권리라는 게 있더라도 그건 몇몇 사람만 누렸으니까요. 하지만 인권은 점차 많은 사람에게 받아들여지는 생각이 되었어요.

물론 인권을 **선언**했다고 끝난 건 아니에요. 실제로 인권이 우리 삶의 일부가 되기까지는 더 많은 시간이 걸렸어요. 권리는 사탕 바구니에 담긴 사탕을 뿌리듯이 누군가 나눠 주는 것이 아니니까요. 많은 사람이 저항하고 힘들게 싸워서 하나씩 찾아온 것이지요. 이것을 조금 어려운 말로 **쟁취**라고 해요. 사람들은 자유와 권리를 쟁취하기 위해 피를 흘리고 때로는 목숨까지 바쳐야 했어요.

한때는 노동자가 일주일에 하루를 쉴 수 없고, 여성은 재산을 갖지도, 투표를 하지도 못했어요. 또 국가 지도자를 비판하면 고문실로 끌려가거나 내가 믿는 종교 때문에 사형을 당하기도 했지요. 이제 그런 세상은 서서히 역사 저편으로 물러가고 있어요.

그렇다면 우리는 지금 인권이 완벽하게 실현된 세상에 살고 있을까요? 물론 과거와는 비교할 수 없이 나아진 세상이지요. 하지만 아직 갈 길이 많이 남아 있어요. 여전히 많은 사람이 세계 곳곳에서 인권을 외치며 더 나은 세상을 만들기 위해 노력하고 있어요.

인류 모두가 따라야 할 가치

미국의 한 유명한 역사학자는 인권을 18세기 서양에서 발명한 것이라고 말해요. 250년 전만 해도 인권에 관한 뚜렷한 생각도, 그것을 나타내는 말도 없었어요. 사람들의 생각이 깨어나면서 '우리는 다 같은 사람 아닌가? 어떻게 사람이 다른 사람을 소유하고 가축처럼 부릴 수 있을까?' 하는 의문을 품기 시작했지요.

인권에 관한 주장을 한 루소(프랑스), 로크(영국), 몽테스키외(프랑스) 같은 사상가들은 대부분 유럽 사람이었고, 인권 선언도 유럽과 미국의 시민 혁명을 통해 알려졌어요. 그래서 인권을 서양에서 발명했다는 주장이 나온 것이지요.

유럽이나 미국 사람들이 인권의 개념을 다듬고 선언한 것은 사실이에요. 하지만 발명은 없던 것을 새로 만든 것을 말하지요. 인권이 발명한 것이라면, 인간은 원래 그렇지 않았는데 1800년대부터 갑자기 존엄해졌다는 말일까요? 그렇지 않아요.

인권은 나라가 세워지고 법이 만들어지기 이전에도 있었어요.

인간은 어느 시대, 어느 땅에 태어나든지 태어날 때부터 인간으로서의 권리를 지니고 있어요.

없던 인권이 갑자기 발명된 게 아니에요. 오랜 세월 무시되었던 인권의 중요성을 뒤늦게야 알게 되어 존중하기 시작한 것이지요.

우리나라에는 대한민국 법이 있고 영국에는 영국 법이, 필리핀에는 필리핀 법이 있어요. 그런데 그 모든 법 위에 인간이라면 누구나 지켜야 하는 **보편적인 법**, 즉 **자연법**이 있어요. 예를 들어 남의 집 염소를 훔치는 것은 기원전 23년 고대 로마에서나 2025년의 인도에서나 똑같이 나쁜 절도 범죄예요. 다른 사람을 때려 코피를 터뜨리는 것은 어제도, 오늘도, 내일도 변함없이 나쁜 행동으로 비난받고요.

이렇게 바뀌지도 사라지지도 않는 자연법처럼, 인권도 시대와 장소를 뛰어넘는 진리예요. 인권은 소고기처럼 캐나다산, 미국산이 따로 있지 않아요.

어떤 사람은 이렇게 주장해요.

"인권은 나라마다 문화마다 다를 수 있어. 우리에게는 우리 식의 인권이 있어."

또 인권을 탄압해서 비난받으면 이렇게 변명해요.

"그건 미국이나 유럽 같은 서구식 인권일 뿐이야."

아시아의 어느 독재 국가에서 민주주의를 주장하는 사람들을 잡아다가 고문하는 상황을 생각해 볼게요. 아시아인은 유럽인과 달라서 고문을 당해도 안 아픈가요? 똑같이 다 고통스럽지요. 인간은 피부색, 문화, 언어가 달라도 같은 슬픔과 아픔을 느끼는 종족이에요. 독재를 비판하고 반대했다는 이유로 감옥에 가는 건 어느 나라, 어느 문화권에서도 옳지 않은 일이지요.

우리나라에서는 법적으로 18세가 되어야 결혼을 할 수 있어요. 그런데 놀랍게도 방글라데시, 인도, 네팔, 에티오피아, 니제르, 차드에서는 초등학생밖에 안 된 여자아이들을 결혼시키는 '조혼 풍습'이 있어요. 학교에 다니고 뛰놀아야 할 나이에 나이 든 아저씨와 결혼이라니요. 아프가니스탄의 아홉 살 소녀가 늙은 남자의 신부로 200만 원에 팔려 가기도 해요. 어린 소녀의 입장에서는 정말 끔찍한 일이지요. 이러한 조혼 풍습을 전통으로 존중해 줄 수는 없어요. 모든 나라, 모든 민족에게 어린이의 인권은 똑같이 소중하기 때문이지요.

투석형은 죄를 지은 사람을 세워 두고 돌을 던져 죽이는 형벌을 말해요. 고대나 중세 역사에나 있을 법한 형벌이지만 오늘날 수단, 예멘, 소말리아, 아프가니스탄 같은 무슬림 국가에는 아직 투석형이 남아 있어요. 차마 눈 뜨고 볼 수 없는 이 잔인한 투석형 역시 문화와 전통의 차이로 인정할 만한 것은 아니에요.

조혼이나 투석형은 인류의 인권을 파괴하는 악습이에요. 인간이라면 누구나 간직한 옳고 그름의 판단 기준에서 벗어나는 일이지요.

언어는 달라도 인류 모두에게 통하는 감정이 있어요. 굶주려서 눈이 퀭한 아이들을 보면 마음이 아프고, 전쟁으로 인해 자기 땅에서 쫓겨나 떠도는 가족들을 보면 슬퍼서 마음을 모아 돕고 응원하고 싶지요. 어떤 나라, 어떤 민족이어서가 아니라 같은 인류이기 때문이에요.

**인간이라면 누구나 누려야 하는 인권,
이 분명한 진리가 우리의 양심과
감정을 두드리고 있어요.
인권은 인류 모두가 따라야 할
소중한 가치예요.**

세계 인권 선언의 탄생

앞에서 "모든 인간이 평등하게 태어났다."라는 선언과 함께 모든 인간에게는 인간으로서 누려야 할 권리가 있다는 생각이 퍼져 나갔다고 했지요? 하지만 당시만 해도 **모든 인간**이 정말 '모든' 인간을 뜻한 것은 아니었어요. 노예는 '인간'에서 제외되었기 때문이지요. 실제로 인간 평등 사상을 담은 '미국 독립 선언문'에 서명한 '건국의 아버지들' 집에도 노예가 바글바글했어요. 인권 선언의 '모든 인간'이 모든 인류를 빠짐없이 의미하기 위해서는 시간이 더 필요했어요.

18세기 유럽에는 왕족이나 귀족처럼 타고난 높은 신분은 아니지만 재산을 모아서 세력을 키운 시민들이 생겨났어요. 이들이 자신의 재산을 지키기 위해 권리를 주장하기 시작했어요. 왕족이나 귀족이 아니더라도 권리를 주장하는 사람들이 생겨난 거예요. 그러다가 시간이 흘러 노예제와 신분제가 폐지되었고, 자유와 권리는 점차 가난한 시민들에게까지 확대되었어요. 인권이 마침내 '모든 인간'의 권리라는 것을 알게 된 거예요.

21세기를 살아가는 우리는 "당연한 거 아니야?"라고 말하겠지요. 하지만 당시로서는 모든 사람이 평등하고 존중받을 권리를 지니고 있다는 생각은 정말 놀라운 것이었어요.

온 세상에 두루 퍼져 있고 누구에게나 통하는 것을 '보편적'이라고 말해요. **보편적인 인권**이란 모든 사람에게 인권이 있다는 뜻이에요. 노력해서 얻어 내거나 자격이 필요한 게 아니라 인간으로 태어나면 자동으로 주어진다는 것이지요. 출신 국가와 지역, 종교, 언어, 문화와 상관없이 모두가 누리는 보편적인 권리예요. 그래서 인권을 다룬 문서들을 읽어 보면 주어가 언제나 **모든 인간은**, **누구나**, **어떤 사람이든**이랍니다.

인권이 선언에 그치지 않고 보편적인 가치로 널리 인정받게 된 것은 20세기가 지나면서부터예요. 바로 제2차 세계 대전이 결정적인 계기였지요.

과거에는 전쟁이 제한된 지역의 전쟁터에서 벌어졌어요. 하지만 제2차 세계 대전 때는 마을과 도시 한복판까지 모두 전쟁터가 되었

어요. 또 기관총이나 독가스같이 순식간에 많은 사람을 죽이는 살상 무기가 사용되었지요. 수백 대의 폭격기가 대도시를 폭격해서 하룻저녁에 수만 명의 민간인을 죽이기도 했어요. 제2차 세계 대전 동안 전 세계의 사망자는 5천만 명이 넘었어요. 지금 우리나라 전체 인구와 비슷한 수가 전쟁으로 목숨을 잃은 것이지요.

또한 제2차 세계 대전은 대규모 인종 학살로 악명 높은 전쟁이었어요. 가장 대표적인 것은 독일 나치가 유대인 600만 명을 학살한 사건이에요. 인류 역사에서 민족, 인종, 종교가 다른 집단을 무차별 학살하는 일은 언제나 있었어요. 하지만 독일처럼 현대적인 나라가 국가 조직을 동원해서 겨우 몇 년 사이에 수백만 명을 잔인하게 학살한 사건은 없었던 일이었지요.

독일과 함께 제2차 세계 대전의 전범(전쟁 범죄) 국가인 일본 역시 중국 난징과 아시아 곳곳에서 수많은 사람들을 학살했어요.

제2차 세계 대전이 끝나자 인류는 반성하기 시작했어요. 사람을 무차별로 죽이는 전쟁과 학살이 다시 일어나선 안 된다고 생각했어요. 이런 배경에서 1948년 유엔(UN, 국제 연합)은 **세계 인권 선언**을 선포했어요. 이는 모든 인류가 지키고 따라야 할 인권의 기준과도 같은 선언문이지요.

제1조는 이렇게 시작해요.

> **제1조**
> **모든 인간은 태어날 때부터 자유롭고**
> **그 존엄과 권리에 있어 동등하다.**

'세계 인권 선언'은 18세기부터 무르익은 인간 존엄성에 대한 생각을 문서로 표현한 것이에요. 인간이 같은 인간을 아무렇지 않게 학살했던 역사를 쓰라리게 반성하며 쓴 선언문이었지요.

당시까지 사람들은 풍뎅이나 나비를 분류하듯 인간을 인종과 민족에 따라 '가치와 등급'을 매겨 구분하는 데 익숙했어요. 하지만 개와 고양이, 코끼리가 각각 하나의 종이듯 인간도 하나의 종이에요. '세계 인권 선언'은 같은 종으로서 인간 모두는 동등한 가치와 권리를 지니고 있음을 선언하고 있어요.

물론 '세계 인권 선언' 때문에 세상이 바로 바뀌지는 않았어요. 하지만 이 선언문은 인권과 관련한 수십 개의 국제 조약과 협정의 밑바탕이 되었어요. 또 여러 나라에서 헌법의 기준이 되었지요. 오늘날 '세계 인권 선언'에 담긴 인권 사상은 누구도 부인할 수 없는 중요한 가치랍니다. 또 인류 모두가 공유하며 한 걸음씩 실현을 향해 나아가는 목표이기도 하지요.

AI 김춘배와 문어 선생님

'세계 인권 선언' 제1조는 모든 사람의 존엄성과 권리가 동등하다고 선언해요. 나와 너, 우리 모두가 소중하고 똑같은 자유와 권리를 누려야 한다고 말하는 근거는 바로 **인간의 존엄성** 때문이에요.

존엄성은 '감히 범하거나 무시할 수 없을 만큼 높고 엄숙하다'는 의미예요. 세종 대왕과 이순신 장군 정도는 되어야 들을 수 있는 소리일까요? 그렇지 않아요. 거듭 말하지만 인간이라면 누구나 존엄해요.

포클레인 기사, 태권도 사범, 의사, 자동차 정비사, 회계사, 조리사, 스쿠버다이빙 강사…… 이렇게 우리가 어떤 역할과 기능을 하는 전문가가 되려면 관련 공부를 하고 시험에 합격해서 자격증을 따야 해요.

**그런데 인간으로서
존엄성과 권리를 누리기 위한
조건은 딱 한 가지,
바로 인간이면 돼요.**

존엄한 사람이 되기 위해서는 이러저러한 조건을 갖춰야 한다고 누군가 말한다면 거짓이에요. 인간으로 태어나면 자동으로 존엄해지는 것이니까요.

김춘배 K23XT series T-7700

공장에서 찍어 낸 인공지능(AI) 로봇 '김춘배'라면 어떨까요? 비싸다거나 성능이 좋다거나, 생김새가 멋지다고 할 수는 있겠지만 존엄하다고 말하지는 못할 거예요. 아무리 사람의 행동을 그럴듯하게 모방해도 인공지능 로봇은 살아 있는 '존재'가 아니니까요. 냉장고나 복사기와 마찬가지로 인공지능 로봇에게서는 '존엄한 가치'를 발견할 수 없어요.

닭은 프라이드치킨이 되기 이전에 하나의 생명이에요. 우리가 잘 돌보고 보살펴야 하지요. 그렇다 해도 닭에게 존엄하다는 말을 쓰지는 않아요. 〈나의 문어 선생님〉이라는 다큐멘터리에는 사람을 따르고 나름대로 소통할 줄 아는 문어가 나와요. 하지만 아무리 똑똑하고 다정한 문어라 해도 '존엄한 문어'라고 부르지는 않지요.

우리는 오직 인간에 대해서만 존엄하다고 말해요. 북한에서는 지도자 김정은을 가리켜 '최고 존엄'이라고 부르는데, 이것은 괴상한 말이에요. 모든 인간은 똑같이 존엄하기 때문이지요. '최고로 존엄한 사람' 같은 것은 없고 2500만 명의 북한 사람들 각각이 존엄하다고 말하는 게 옳아요.

그 사람이 가진 능력, 재산, 지위, 직업으로는 그 사람의 가치를 매길 수 없어요. 국왕, 대통령, 대기업 회장, 세계적인 박사가 총출동해도 마찬가지예요. 누구는 더 존엄하고 누구는 덜 존엄하다고 말할 수 없어요.

우주에 나와 같은 존재는 하나도 없어요. 나와 똑같은 나를 토끼 인형처럼 복제할 수도 없고요.

우주에서 하나뿐인 우리 한 사람 한 사람이 존엄하고 소중하답니다.

그렇기 때문에 누군가를 다른 사람보다 하찮거나 가치가 없다고

여기는 건 잘못된 생각이에요.

또 사람을 어떤 일에 써먹는 도구나 수단으로 여겨서도 안 되지요. 혹시 브라질 작가 J. M. 바스콘셀로스가 쓴《나의 라임오렌지나무》를 읽어 봤을까요? 무척 감동적인 책인데 기회가 된다면 꼭 한번 읽어 보세요. 이 책에 나오는 주인공 제제는 가난한 집 막내예요. 구두통을 들고 다니며 구두닦이를 해서 돈을 벌지요.

우리는 제제가 돈을 벌어 올 때만 가치 있고 쓸모 있는 아이라고 여기지는 않아요. 제제가 우두커니 앉아서 사탕만 핥아 먹고 있어도 살아 있어야 할 이유가 충분하지요. 또 우리 가족을 위해 열심히 일하시던 엄마나 아빠가 어느 날 실업자가 되었다고 해 봐요. 실업자가 된 엄마나 아빠를 덜 존중하거나 덜 사랑할 수는 없어요. 엄마, 아빠는 그 자체로 귀하고 소중하니까요.

가만히 앉아 숨만 쉬고 있어도 우리 모두는 존엄한 인간이에요. 누더기를 걸치고 있든, 몸이 아파 누워 있든 인간은 다 똑같이 존엄해요. 모든 인간이 존엄하다는 생각을 씨앗으로 삼아 인권이 싹트고 꽃을 피우는 거예요.

그런 차원에서 다 같이 한목소리로 외쳐 볼까요?

"모든 인간은 존엄합니다!"

〈인권 교실〉 노비 막동이 이야기

PART 2

인권의 내용

다국적 친구 4명의 차별 이야기

앞에서 인권은 모든 인류가 지닌 보편적인 권리라고 말했어요. 누군가의 인권을 보장할 때 국적, 인종, 언어, 종교, 문화가 다르다고 해서 차별해서는 안 돼요. 그런 차이와 상관없이 우리는 똑같은 하나의 인류이기 때문이지요.

그런데 우리는 인류이면서 동시에 어떤 나라에 속한 **국민**이고 시민이기도 해요. 다시 말하면 우리 각자가 속해 있는 나라의 제도에 영향을 받는다는 거예요.

아마존 밀림에는 아직 도시 문명을 모르는 원시 부족들이 살고 있다고 해요. 그들은 스스로를 부족의 일원으로 여기지, 브라질 국민이라고 생각하지 않지요. 이런 몇몇을 빼면 대다수 사람은 자기가 속한 나라의 국민으로 살아가요. 그리고 국민에게는 태어날 때부터 주어진 **기본권**이 있어요.

서울에서 살면서 서로 친하게 지내고 있는 마웅(미얀마), 존슨(미국), 아출(수단), 순우(대한민국) 네 명의 이야기를 해 볼게요. 이 중에서 대한민국 국회의원 선거에 투표하러 갈 수 있는 권리를 가진 건 순우뿐이에요. 순우는 나중에 마흔 살이 넘으면 본인이 직접 대통령 후보로 출마할 수도 있지요.

기본권에 속하는 참정권에는 선거권(대통령이나 국회의원 등을 선출할 수 있는 권리)과 피선거권(대통령이나 국회의원 등으로 출마할 수 있는 권리)이 있어요. 대한민국 정부나 국회를 이끌 정치인을 캐나다에서 빌리거나 독일에서 수입해 올 수는 없어요. **대한민국 국적**인 사람만 될 수 있지요. 여러분 중에도 30~40년 뒤쯤 우리나라의 장관이나 국회의원, 시장 등이 되는 사람이 있을지 몰라요. 대한민국 국적을 가졌으니까요.

그런데 순우가 몸이 아파 직장을 그만두자 살길이 막막해졌어요. 어쩔 수 없이 주민 센터에서 기초생활수급자 신청을 했어요. '기초생활보장제도'는 국민의 인간다운 생활을 위해서 국가가 생활이 어려운 국민을 기초생활수급자로 선정해 생계, 의료, 살 곳, 교육 등을 지원해 주는 제도예요.

존슨도 한국에서 지내는 동안 생활이 어려워 기초생활수급자 신청을 하고 싶었어요. 하지만 존슨은 한국 국민이 아니기 때문에 신청할 수 없어요. 국민의 권리와 생활을 보장해 주는 기본권은 그 나라 국민에게만 주어져요.

그렇지만 **보편적인 인권**에서는 4명의 친구 중 누구도 차별받지 않아요. 아촐은 존슨의 권유로 동네 교회에 나가기 시작했어요. 아촐의 고향인 아프리카 수단은 무슬림 비율이 90% 이상이에요. 기독교로 개종하면 사형을 당할 수도 있어요. 하지만 '사상과 종교의 자유'는 모든 인류가 누려야 할 인권이지요. 아촐은 자기가 원하는 종교를 선택할 자유가 있어요.

마웅은 미얀마의 군부 독재에 반대해요. 2021년 미얀마 군인들이 선거 결과를 인정하지 않고 쿠데타를 일으켜 민주주의를 무너뜨렸기 때문이지요. 마웅은 이런 생각을 SNS에도 올리고 포스터를 만들어 여기저기 알리고 있어요. 미얀마의 민주주의를 회복하기 위해 방송 인터뷰도 적극적으로 해요. 마웅이 꼭 어느 나라 사람이어야만 이러한 표현의 자유를 누릴 수 있는 건 아니에요. '표현의 자유'는 인간이면 누구나 누려야 하는 보편적인 인권이에요.

인권은 언제나, 어디서나, 누구에게나 열려 있어요. 인종, 국적, 언어, 종교, 성별과 상관없이요. 권리를 얻기 위해 자격이 따로 있지도

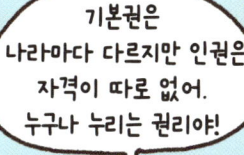

않아요. 인간으로 태어났으면 누구나 인권을 누릴 수 있어요. '세계 인권 선언'은 인권을 보호하는 내용을 담고 있어요. 이에 반해 '기본권'이란 인권의 내용을 헌법에 담아서 그 나라의 국민이 누릴 수 있게 한 것이에요.

인권과 기본권은 완전히 다른 것은 아니어서 서로 겹치는 내용이 많아요. 인권은 더 큰 개념이니까 인권 안에 기본권이 포함되어 있다고 말할 수도 있어요.

그렇다면 인권과 기본권이 충돌할 때는 어떻게 해야 할까요?

순우의 옆집에는 네팔에서 한국으로 일하러 온 라마가 살아요. 라마에게는 아홉 살, 열한 살 딸이 있어요. 라마는 비자를 연장하지 못해 불법 체류자 신분이에요. 예전 같으면 라마의 아이들은 불법 체류자의 자녀이기 때문에 우리나라에서 교육을 받을 권리가 없어요.

하지만 '유엔 아동권리협약'에 따르면, 아동은 누구나 교육받을 권리가 있어요. 이에 따라 우리나라는 체류 자격이나 국적에 상관없이 모든 아이들의 교육받을 권리를 보장하고 있어요. 왜 우리가 낸 세금으로 불법 체류자의 자녀를 교육하는지 묻는 사람도 있어요. 대답은 간단해요. **세계 인권 선언에 따라** 모든 아동은 교육받을 권리를 가지기 때문이지요.

국가가 있는 이유

과거에는 초등학교를 '국민학교'라고 불렀어요. 일제 강점기였던 1941년, 어린이들이 다니는 소학교가 국민학교로 명칭이 바뀌었어요. 어린이들을 일본 왕에게 충성하는 '황국 신민'으로 양성한다는 뜻이 교묘하게 담겨 있었지요. 이런 음흉한 뜻을 가진 국민학교라는 명칭은 해방 이후로도 그대로 쭉 쓰이다가 1996년부터 '초등학교'로 바뀌었어요.

제2차 세계 대전 당시 전쟁을 일으킨 독일, 이탈리아, 일본 등을 '전체주의 국가'라고 불러요. 전체주의란 개인의 자유는 없고 국민들이 오직 국가를 위해서 충성하고 희생하는 것을 뜻해요. 전체주의 국가들은 침략 전쟁을 일으키고 많은 국민을 동원해 국가를 위해 싸우

다 죽게 만들었지요. 일본은 자신들의 왕을 '천황'이라고 부르며 왕을 위해 전쟁에 나가 죽으라고 선전했어요. 일본의 식민 지배를 받던 조선의 청년들도 일왕을 위한 전쟁에 강제로 끌려갔지요.

전쟁이 끝나고 우리나라를 포함한 여러 나라에서 독재 정부가 등장했어요. 독재 국가에서는 독재자에 반대하는 사람들을 붙잡아 감옥에 가두고 고문하거나 목숨을 빼앗는 일이 흔히 일어났어요. 심지어 국민을 지켜야 할 군인을 동원해 국민에게 총구를 겨누게 했지요. 이런 사건을 우리는 '국가 폭력'이라고 해요.

여기까지 살펴보면 국가는 막강한 권력을 가지고 있고 국민은 거기에 무조건 복종해야 한다는 생각이 들 정도예요. 하지만 민주주의가 자리 잡고 사람들의 생각이 깨어나면서 국가가 왜 존재하는지에 대한 생각도 바뀌었어요. 국가는 대통령이나 정부 기구만을 말하는 게 아니에요. 주권을 가진 국민 한 사람 한 사람이 모인 게 국가이지요. 대통령과 정부는 국민의 뜻을 받들어서 잠시 동안 국가를 운영하는 것이고요.

그렇다면 국가가 존재하는 목적도 분명해져요. **국가는 국민의 인권과 행복을 보장하기 위해 존재해요.** 우리나라 헌법 제10조에 바로 이러한 국가의 존재 이유가 적혀 있지요. 국민은 행복을 추구할 권리가 있고, 국가는 국민의 기본적 인권을 보장할 의무가 있어요.

국가는 국민의 생활, 교육, 건강을 보장하며 인간다운 삶을 살 수 있게 보살펴 주어야 해요. 이런 국가를 **복지 국가**라고 불러요. 그 역할을 잘하라고 국민들이 국가에 세금을 내고 막강한 권한을 몰아주는 것이지요.

사람은 누구나 행복하게 자기 뜻을 펼치며 살고 싶어 해요. 전쟁에 이용되거나 국가에 충성만 하다가 죽기 위해 태어난 것이 아니지요. 물론 우리는 나라를 위해 목숨을 바친 선조들의 이야기를 기억해요. 일제 강점기나 한국 전쟁의 고통과 슬픔을 겪은 할머니, 할아버지들이 아직 우리 주변에 살아 있어요. 우리 역시 나라가 위험에 빠지면 나라를 구하기 위해 나설 거예요. 또 우리나라를 드높이기 위해 훌륭하고 멋진 일을 하고 싶고요. 하지만 그럴 때도 국민이 국가를 위해 있는 게 아니라 국가가 국민을 위해 있다는 사실은 변하지 않아요.

국가의 역할을 바로 이해했다면 우리는 적극적으로 국가에 우리의 권리를 요구할 수 있어요. 국민의 권리는 헌법에 모두 적혀 있어요. 우리나라를 포함해 민주주의 국가라면 누구나 인정하는 권리들이지요. 우리에게 어떤 권리가 있는지 알아볼까요?

인간다운 삶을 누리기 위한 권리

쿵쿵쿵쿵!

한밤중에 누군가 문을 부술 듯이 두드려요. 비밀경찰이 우르르 들이닥쳐 자고 있던 사람을 체포해 가요. 국가나 지도자에 대해 비판적인 말을 하거나 글을 썼다는 이유였지요. 옛 소련이나 동독 같은 사회주의 국가에서는 비밀경찰이 사람들을 감시하고 밤중에 들이닥쳐 잡아가는 일이 흔했어요. 전화를 도청하거나 편지를 가로채서 보고 친구와 나누는 대화까지도 단속하는, 숨 막히는 사회였지요.

인권이 존중되면서 사람들은 국가의 폭력이나 강제로부터 자유로울 권리를 얻게 되었어요. 이제는 잠을 자다가 갑자기 끌려가지는 않지요. 이유도 모른 채 두들겨 맞거나 고문당하지도 않아요. 도리어 우

리는 감옥에 갇힐 두려움 없이 피켓을 들고 정부를 비판하는 시위에 나설 수 있어요. 국가가 함부로 힘을 휘두르지 못하게 막고, **생명과 신체의 자유, 안전을 누릴 권리**를 갖는 것이지요.

그런데 이걸로 다 끝난 걸까요? 마침내 몸이 자유를 얻었다 해도 냉장고는 텅텅 비었고 아이들은 배고파 울고 몸은 병들었다면 행복하다고 할 수는 없어요. 자유롭고 안전할 권리는 시작일 뿐이지요. 그 다음 단계의 권리가 필요해요. 바로 **행복하고 인간다운 삶을 누리기 위한 권리**들이지요.

인권은 쉽게 말하면 '사람답게 살 권리'를 말해요. 어떤 조건이 있어야 우리가 사람답게 살 수 있을까요? 어떤 사람은 몸을 숨길 동굴, 사슴 가죽 몇 장, 말린 고기와 감자 한 자루면 사람답게 살 수 있다고 생각할지 몰라요. 3,000년 전에는 분명 그랬어요. 하지만 21세기에는 필요한 것들이 훨씬 많아요.

우선 집과 음식, 옷 같은 최소한의 생필품이 있어야 하지요. 아플 때 치료받을 권리도 필요해요. 어린이들은 교육받을 권리도 보장되어야 해요. 노동자들은 열심히 일할 권리 그리고 쉴 권리도 있어요. 이러한 모든 기본적인 것들을 묶어 **사회권**이라고 해요.

사회권은 가장 기본적인 것이에요. 제대로 먹고 건강을 유지하고 교육을 받아야 다른 권리도 누릴 수 있기 때문이지요. 추위를 피할

집도 없고 병들고 배고픈 사람에게 "이제 자유와 권리를 누리세요."라고 말할 수는 없는 법이지요. 이러한 최소한의 권리 없이 우리는 인간답게 살 수 없고, 자유롭다고 말할 수도 없어요.

물론 이러한 사회권을 보장하려면 국가가 여러 가지 제도를 마련해야 해서 돈이 많이 들지요. 예를 들어 교육받을 권리를 지켜 주려면 지역마다 학교를 지어야 하고 선생님도 많이 뽑아야 해요. 무료 급식도 시행해야 하고요.

그렇다 보니 나라마다 권리를 보장해 주는 정도가 달라요. 어떤 나라에서 사회권은 끼니를 때울 음식, 오염되지 않은 물, 기초 예방 접종, 비가 새지 않는 집 정도예요. 하지만 부유한 나라에서는 건강식, 좋은 의료 시설, 넉넉한 크기의 집까지를 의미해요. 또 문화적인 권리도 요구해요. 음악, 영화, 공연 같은 예술을 감상하면서 여가를 보내는 건 인생에서 소중한 일이니까요.

이렇게 나라와 사람마다 차이는 있겠지만 사람답게 살기 위한 가장 기본적인 조건은 비슷해요. 의식주와 건강, 기초 교육 같은 것은 누구에게나 필요하지요. 국가가 존재하는 중요한 이유 중 하나는 국민에게 바로 이러한 권리들을 보장하기 위해서랍니다.

내 마음은 나의 것

전북 익산에서 있었던 일이에요. 밭길을 지나던 고등학생이 500만 원이 들어 있는 가방을 주웠어요. 학생이 경찰에 신고해 주인을 찾았는데 그 돈은 어느 할머니가 아껴 모은 전 재산이나 마찬가지였지요. 이 양심적인 학생은 큰 칭찬과 함께 경찰청에서 주는 표창장을 받고 신문에도 실렸어요.

양심이란 '옳고 그름을 판단하는 마음'을 말해요. 양심은 생각뿐 아니라 옳다고 믿는 것을 실천하는 행동까지 포함해요. 이것은 인간과 동물을 구분해 주는 인간만의 독특한 특성이에요. 우리가 지나가다가 지갑을 주웠다면 아마도 만화에서처럼 어깨 양쪽 위로 천사와 악마가 슬그머니 날아와 이렇게 말할지도 몰라요.

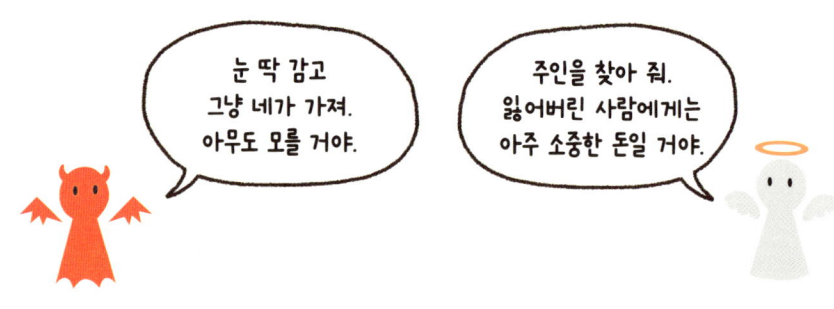

　이렇게 두 가지 목소리가 싸우다가 결국 천사가 승리하면, 악마는 꼬리를 내리고 사라지지요. 이럴 때 마음속에 뭔가 목소리가 들리는 것도 같죠? 그래서 '양심의 소리'라는 표현을 써요. 양심은 이러한 도덕적인 판단과 더불어 우리가 간직한 모든 믿음과 신념을 담고 있어요. 우리 마음의 바탕을 이루고 우리의 생각을 다스리지요.

　우리에게는 **양심의 자유**가 있어요. 헌법에는 '권리'보다 '자유'라는 말이 더 많이 쓰이는데, 비슷한 의미로 이해할 수 있어요.

우리에겐 양심대로 믿고 행동할 권리가 있어요.
우리 모두는 독립적이고 자율적인 존재예요.
각자의 마음과 생각은 온전히 각자의 것이고
각자가 믿고 싶은 대로 믿을 자유가 있지요.

누구도 자기 생각을 다른 사람한테 강요할 수 없어요. 양심을 부정하는 건 견디기 힘들고 때로 죽음과도 맞바꿀 정도로 심각한 일이에요. 종교의 자유도 양심의 문제에 속해요. 자신이 믿고 따르는 종교를 부정하는 것은 자기 신념과 양심을 부정하는 것과 마찬가지니까요. 이슬람교도나 유대교도에게 종교적으로 금지된 음식을 억지로 먹게 할 수는 없어요. 고대 로마의 기독교 박해 시기에 기독교인들은 예수 그리스도를 향한 신앙을 저버리기보다 굶주린 사자의 밥이 되는 것

을 선택했어요. 종교와 양심은 때로 목숨과 맞바꿀 정도로 중요한 가치랍니다. 하지만 역사적으로 많은 사람들이 다른 사람들의 양심을 간섭해 왔어요. 감옥에 집어넣거나 고문으로 종교나 신념을 바꾸려고도 했어요. 여기에 많은 사람들이 죽음으로 맞섰지요.

생각, 양심, 종교의 자유가 보편적인 인권이 된 현대에 와서는 어떨까요? 안타깝게도 여전히 이런 자유를 누리지 못하는 사람들이 있어요. 독재 국가에서는 여전히 개인이 무슨 생각을 하고 어떤 책을 읽고 쓰는지를 감시하고 통제하려 들지요.

법으로는 종교의 자유가 있지만 실제로는 그렇지 않은 나라도 많아요. 아프가니스탄, 파키스탄, 이란, 수단과 같은 이슬람 국가에서 다른 종교를 믿으면 박해와 탄압을 받을 수 있어요.

우리나라에는 종교나 평화에 대한 신념으로 군대 가는 것을 거부하는 청년들이 있어요. 군대에 간다고 꼭 전쟁에 나가고 사람을 죽이는 건 아니지만 이들은 무기를 들고 훈련을 하는 것조차도 양심에 어긋나는 일로 여기지요. 이러한 '양심적 병역 거부자'들은 예전에 병역법을 어긴 죄로 감옥에 가야 했지만 이제 교도소 같은 곳에서 대체복무를 할 수 있지요. 헌법으로 정한 양심의 자유를 법원이 인정했기 때문이에요. 자기의 믿음과 다르게 행동하도록 강요하는 건 양심의 자유를 침해(침범하여 해침)하는 거예요.

벌거벗은 임금님과 언론 출판의 자유

나의 생각, 의견, 주장을 간직할 자유만 있으면 그것으로 끝일까요? 그렇지 않아요. 우리는 생각을 마음속에 꽁꽁 숨겨 두지 않고 다른 이들에게 드러내고 표현할 수 있어요. 바로 **표현의 자유**예요.

표현의 자유는 왜 중요할까요? 생각의 다양성이 보장되는 사회가 좋은 사회이기 때문이에요. 표현의 자유가 보장될 때 예술가들의 창의력이 샘솟고 문화가 발전해요. 우리는 다채롭고 개성적인 예술을 즐기며 우리의 생활을 더 풍요롭게 만들지요.

세상에는 바꾸고 개선해야 할 문제점이 많아요. 세상을 더 좋게 바꾼 사람들은 자기 의견을 당당하게 표현한 사람들이있어요. 이들은 불가능하다고 여겼던 변화를 이루어 냈지요. 노예가 해방되고 신분

차별이 사라지고 여성의 인권이 회복되었어요. 지금도 지구상에는 빈곤, 양극화, 기후 변화, 에너지 위기같이 해결할 문제들이 많아요.

**사람들은 계속해서
자기 생각을 표현하고 주장해서
더 나은 세상을 만들어 나가요.**

표현의 자유는 범위가 넓어요. 예술 작품을 만드는 것, 사람들과 함께 시위나 집회에 참여하는 것, 인터넷에 댓글을 남기는 것도 모두 표현의 자유예요. 여기서는 표현의 자유 중에서도 민주주의 사회에서 아주 중요한 **언론과 출판의 자유**를 살펴볼게요.

우리는 자신의 생각을 글로 써서 출판해 널리 사람들에게 알릴 자유가 있어요. 옛날에는 국가가 어떤 책의 출판을 금지하거나 이미 나온 책을 모조리 불태워 버리기도 했어요. 그 책을 읽는 사람도 처벌받았고요. 이런 책을 금지된 책, '금서'라고 하지요.

영국 작가 조너선 스위프트의 《걸리버 여행기》는 어른과 어린이들이 모두 읽는 세계적인 명작이에요. 《걸리버 여행기》를 동화책으로 알고 있기도 하지만 사실 이 책은 18세기 초 영국 사회를 날카롭게 비판하고 풍자한 소설이었어요. 국가의 검열과 핍박을 피하기 위해 일부 내용을 수정하고 삭제해서 출판했지요. 하지만 검열에 걸려 한때 금서로 지정되기도 했어요.

1980년대에는 우리나라에도 금서가 있었어요. 주로 민주주의, 통일, 자본주의 비판, 노동 운동을 다룬 책들이었어요. 지금은 어떤 책이든 자유롭게 읽을 수 있지만 당시에는 금서를 가지고만 있어도 경찰 조사나 처벌을 받았어요. 권력자나 사회의 문제점을 비판하는 책을 읽으면 사람들의 생각이 깨이고 저항할 수 있기 때문이지요.

출판의 자유를 통해 우리는 세상을 좋게 바꾸기 위한 생각을 나누고 퍼뜨릴 수 있어요. 1852년 발표된 해리엇 비처 스토의 《톰 아저씨의 오두막》은 흑인 노예 제도의 비참한 생활을 묘사해, 미국의 노예 제도 폐지에 큰 영향을 끼친 책으로 평가받고 있어요. 또 1962년 출간된 레이철 카슨의 《침묵의 봄》은 살충제가 생태계를 어떻게 파괴하는지 낱낱이 파헤치면서 환경과 생태 보호에 대한 사람들의 생각을 완전히 바꾸어 놓았지요.

언론의 자유는 민주주의 사회를 떠받치는 핵심 기둥 중 하나예요. 대통령과 정부가 국민을 위해 공정하게 일을 잘 하고 있는지, 기업들이 투명하게 사업을 하는지 감시와 비판이 필요하지요. 그런데 국민들이 일일이 뒤를 캐고 다니면서 확인할 수가 없어요. 이럴 때 언론사와 기자들이 나서야 하지요.

안데르센의 동화 〈벌거벗은 임금님〉의 상황이 지금 일어났다고 상상해 볼까요? 사람들은 SNS에 벌거벗은 왕의 뒷모습 인증 사진을 올릴 거예요. '임금님 궁둥이 영상'은 조회 수 300만 회를 돌파하지요. 뉴스에는 이렇게 속보가 뜰 거예요. "[속보] 충격! 임금님은 왜 벗었나? 재단사에게 속아!"

화려한 옷을 좋아하는 사치스럽고 무능한 왕에 대한 비판이 쏟아지겠지요. 벌거벗은 왕에게 옷이 멋있다고 아첨하는 신하들도 한심하다고 욕을 먹을 게 틀림없어요. 벌거숭이한테 왜 벌거숭이라고 진실을 말하지 못하냐고 비난하는 언론 보도도 나올 거예요.

언론은 국민을 대신해서 권력자들에게 질문해요. 우리나라에서 권력자라면 대통령, 장관, 국회의원, 대기업 회장 등을 꼽을 수 있겠지요. 기자는 대통령에게 불편하고 기분 나쁜 질문도 할 수 있어요. 기자가 궁금해서 묻는 게 아니라 국민이 알고 싶은 것을 대신 묻는 것이니까요.

우리는 옆집 아저씨의 비밀이나 속사정에 대해서는 알권리가 없어요. 그걸 알려고 들면 사생활 침해이지요. 하지만 국민은 권력을 맡긴 정부가 일을 똑바로 하고 있는지 알권리가 있어요. 국가 지도자와 정부가 국민들을 위해 제대로 일하고 있는지, 국민 몰래 잘못된 결정을 내리지는 않는지 감시해야 하지요.

그래서 언론의 자유는 완전히 보장되어야 해요.

**대통령이나 다른 높은 지위의 사람을
불편하게 한다는 이유로 언론의 자유를 막는 것은
민주주의 사회에서 있을 수 없는 일이에요.**

언론의 자유가 억압받아서 정보가 투명하게 공개되지 않으면 어떻게 될까요? 정부가 나라를 엉터리로 이끌어도 막을 수가 없지요.

아직도 여러 나라에서 언론의 자유는 먼 이야기예요. 언론의 자유가 부족한 나라로 튀르키예, 아제르바이잔, 탄자니아, 이집트, 수단, 러시아 등을 꼽을 수 있어요. 이런 나라의 지도자들에게 진실을 보도하는 기자들은 눈엣가시예요. 국가 지도자의 잘못이나 정부의 정책을 비판하는 기사를 쓰는 기자는 감옥에 가기도 해요. 심지어 테러를 당하거나 암살되기도 하지요.

유네스코(UNESCO)에 따르면 2020년 한 해 동안 전 세계에서 62명의 기자가 목숨을 잃었다고 해요. 언론의 자유는 아직 갈 길이 멀다는 것을 알 수 있어요.

〈인권 교실〉 인권 가방을 챙겨 봅시다

PART 3

나의 인권과 너의 인권

나는 소중하다

"아, 나는 소중해!"

누구나 자신을 아끼고 소중히 여기는 것 같지만 꼭 그렇지는 않아요. 때로는 자신이 가치 없이 여겨지기도 해요. 그런 생각이 내 안에서 스르륵 일어난 것일 수도 있지만 다른 사람들이 나를 대하는 태도, 나에게 하는 말 때문인 경우도 있어요.

그래서 요즘에는 자존감(자아존중감)에 대한 책과 강의가 많아요. 쪼그라든 자존감을 키우기 위해 어떤 마음과 태도의 변화가 필요한지 설명해 주지요. 태권도 학원에서 태극 품새를 연습하거나 피아노 학원에서 체르니를 연습하듯이 자존감을 연습하기도 해요.

인권을 이해하고 실천하는 데도 바로 이 자존감이 필요해요. 자존감은 '스스로를 소중하게 여기고 어떤 일을 해낼 수 있는 유능한 사람이라고 믿는 마음'이에요. 인권의 관점에서도 나는 존중받아 마땅한 사람이에요. 내가 어떤 자격이나 능력을 갖추어서가 아니에요. 이 세상에서 딱 하나뿐인 고유하고 존엄한 존재이기 때문이지요.

자기 자신에게 자부심을 느끼고 스스로를 자랑스럽게 느끼는 게 중요해요. 조건 없이 나를 아껴 주는 부모님이나 친구도 있겠지만,

**누구보다 내가 나를 존중해야
남들도 나를 더 존중해 줘요.
나 스스로를 소중하게 여기는 마음을
가꾸어야 하는 이유랍니다.**

그런데 살다 보면 외모, 재산, 사회적 지위 같은 기준으로 상대방을 무시하는 사람도 만나게 돼요. 사람 사이에 위아래가 있다고 믿고, 자기보다 약해 보이는 사람에게 무례한 말을 내뱉기도 하지요. 그런 사람은 다른 사람의 인격을 무시하고 괴롭히거나 부당하게 대하기도 해요. 누구도 그것을 당연하게 받아들이면 안 돼요. 그런 대우를 받아도 되는 사람은 없기 때문이시오.

누군가 허락도 없이 우리 집 울타리를 넘어와 내 자전거 바퀴에

구멍을 낸다면 어떨까요? 거실까지 들어와 내가 아껴 둔 케이크를 먹어 버리고, 공들여 만든 레고도 부수고 가족사진이 든 액자도 깨 버린다면요? 우리는 그 침입자를 내쫓고 우리 집의 평화를 지키기 위해 경찰을 부르거나 주변에 도움을 요청하겠지요.

다른 사람이 내 인권을 침범한 것은, 누군가 우리 집에 제멋대로 쳐들어온 것과 같아요. 그럴 때는 그런 행동을 멈추라고 당당히 의사 표현을 하고 단호하게 막아서야 해요. 혼자 힘으로 되지 않으면 주변의 도움을 받아야 해요. 나 자신을 귀하게 여기고 존중하는 것은 인권으로 향하는 첫 번째 단계예요.

나 자신을 소중하게 느낀다면 남도 소중하다는 걸 알 수 있어요.

내가 존엄한 존재이듯 상대방도 존엄하고, 나처럼 상대방에게도 그를 아껴 주는 가족과 친구가 있겠지요.

그러므로 다른 사람들을 귀하게 여기고 그 사람들의 인권에 관심을 갖는 것이 인권으로 향하는 두 번째 단계예요. 앞에서 설명한 온갖 권리는 나와 상대방 모두에게 있어요. 또 지구상에 사는 모든 사람에게도 있지요.

연필 대신 연장을 든 아이들

벽돌집 굴뚝을 들락날락거리는 사람이 있어요. 산타클로스일까요? 아니에요. 영국의 꼬마 굴뚝 청소부예요. 19세기 후반 당시 영국 사람들은 예닐곱 살 안팎의 아이들이 굴뚝 청소를 하기에 알맞다고 생각했어요. 굴뚝새처럼 작은 몸으로 굴뚝에 쏘옥 들어가니까요. 굴뚝 청소부 아이들은 얼굴과 온몸에 숯 검댕을 묻힌 채 일했어요. 그리고 검댕 때문에 생긴 끔찍한 병으로 죽거나 평생 병에 시달렸어요.

당시는 아이들이 힘든 노동에 시달리지 않고 보호받아야 한다는 생각이 싹트기 전이었어요. 열 살도 안 된 아이들까지 공장에서 어른과 같이 돈을 벌어야 가족들이 살아갈 수 있었지요. 부모가 아프면 아이들이 돈을 벌어 가장 노릇을 하는 것도 당연한 일이었답니다.

아이들에게 힘든 노동을 시키다니 100년 전에는 너무 끔찍했다고 생각할지 모르지만 오늘날에도 아동 노동은 계속되고 있어요. 아프리카 지역의 여러 나라와 방글라데시, 인도, 파키스탄 같은 서남아시아에서는 일하는 아이들을 쉽게 찾아볼 수 있어요. 의류 공장에서 여린 손으로 옷을 만들고 또 축구공을 꿰매기도 해요. 콩고에서는 겨우 대여섯 살짜리 아이들이 채석장에 나가 돌을 깨고, 카메룬에서는 아이들이 카카오 열매를 따지요. 유니세프에 따르면 **일하는 아이들**은 전 세계에 **1억 6천만 명**이 넘는다고 해요.

아동 노동은 나쁘고 금지해야 한다는 주장은 옳지만 현실은 간단하지 않아요. 아이들이라도 벌지 않으면 온 가족이 굶어야 하는 집이 많기 때문이지요. 공장에서 일을 못 하게 하면 쓰레기라도 주워야 할 만큼 절박해요. 아동 노동은 나라가 가난하고 사회의 보호가 약해서 생기는 문제여서 개인의 노력만으로 해결하기 어려워요. 열심히 일하면 다 잘될 거라고 말하고 싶지만, 어느 나라와 지역에서 태어났는지에 따라 살아가는 수준이 결정되는 경우가 많으니까요.

1989년에는 **유엔 아동권리협약**이 채택되었어요. 전 세계 거의 모든 국가가 서명한 이 협약은 아이들의 권리를 보장하기 위한 것이었지요. 협약에는 아이들이 노동 착취로부터 보호받고 교육받을 권리를 지니고 있다고 되어 있어요.

일하는 아이들이 꿈꾸는 것은 학교에 가는 거예요. 하지만 힘들게 벌어들인 푼돈은 학비가 아니라 가족이 먹을 음식을 사는 데 써야 하지요. 어릴 때부터 일을 하느라 학교에 다니지 못했기 때문에 어른이 되어도 좋은 직업을 갖지 못해요. 그러면 계속 가난하게 살게 되는 악순환이 이어져요.

유엔 아동권리협약은 아이들이 충분히 쉬고 놀아야 한다고 말해요. 아이들에게는 교육받을 권리도 있지만 놀 권리도 있어요. 아이들은 놀아야 몸과 마음이 건강하게 자라거든요. 혹시 어떤 어른들은 어린이가 지금보다 더 열심히 공부해야 한다고 주장할지 모르지만, 그렇게 말하는 사람도 어린 시절에는 망아지처럼 열심히 뛰놀았을 거예요.

미국의 팝가수 마이클 잭슨(1958~2009)은 어릴 때 제대로 놀지 못했다고 해요. 엄한 아버지 밑에서 맞아 가며 공연을 다녀야 했거든요. 20세기의 손꼽히는 세계적인 팝가수가 되었지만 어른이 되어서도 그는 잃어버린 어린 시절을 두고두고 아쉬워했다고 해요.

**아이들이 마음껏 공부하고 지치도록 뛰노는 것,
그 당연한 권리를 지켜 주지 못하는 나라가 지구상에
아직도 많다는 것이 너무 안타깝고 슬퍼요.**

양성 평등의 시작

'히잡'은 무슬림 여성들이 쓰는 머리 가리개예요. 중동 또는 인도네시아에서 우리나라에 온 유학생이나 관광객들이 머리에 쓴 것을 종종 봤을 거예요. 2022년 이란에서는 **히잡 안 쓰기 운동**이 벌어졌어요. 마흐사 아미니(Mahsa Amini)라는 여성이 히잡을 제대로 안 썼다고 경찰에 체포되었는데, 감금된 상태에서 폭행을 당하다 죽은 사건이 널리 알려져 시작된 시위였지요.

이 시위는 정부에 반대하는 전국적인 시위로 번졌어요. 시위에 참가한 학생들은 이란어로 '자유'를 뜻하는 **아자디(Azadi)**를 외쳤어요. 단순히 히잡을 쓰고 말고의 문제를 넘어 자유와 인권을 위한 시위로 확대된 것이지요.

히잡은 무슬림 여성들의 오랜 전통 의상이에요. 히잡을 쓰는 전통 자체는 존중받아야 해요. 그런데 그것을 쓸지 말지는 **여성들 스스로 결정해야** 할 일이지요. 여성들의 의상을 왜 남성들이 결정해서 강제하나요? 예를 들어 남성들이 너구리 모자든 뽀로로 모자든 자기들 머리에 뭔가를 쓰기로 결정했다면 존중해 주어야겠지요. 그런데 히잡은 여성들이 쓰는 것이니 여성에게 선택권이 있어요.

엄격한 이슬람 교리를 따르는 사우디아라비아에서는 얼마 전까지만 해도 여성이 운전을 하면 감옥에 갔어요. 여러 인권 단체가 사우디아라비아 여성들의 권리를 위해 목소리를 높였어요. 결국 2018년이 되어서야 사우디아라비아에서는 여성의 운전을 허용했어요. 여성이 대형 여객기, 탱크, 전투 헬기까지 모는 시대에 자동차 운전조차 못 하게 하다니 시대에 한참 뒤떨어진 일이었지요.

인류 역사에서 오랫동안 여성은 독립적인 사람으로 존중받지 못했어요. 남성에게 매이고 종속된 사람으로 취급받았지요. 18세기 유럽과 미국의 시민 혁명에서 "모든 인간은 평등하다."라고 선언할 때 '모든 인간'에서 여성은 빠져 있었어요. 시민은 보통 남성을 가리켰고 시민의 권리도 남성의 권리로 여겼어요.

인권은 남녀 차별 없이 동등하게 주어진 거예요. 그럼에도 인류 역사에서 여성들은 아주 오랫동안 인간으로서의 권리를 빼앗기고 차별적인 대우를 받아 왔어요.

여성은 정치적·사회적·경제적 권리에서 남성에 비해 비교할 수 없이 크게 소외되었지요. 여성의 권리가 나아지는 데는 매우 오랜 시간이 걸렸답니다.

전 세계적으로 여성 국가 지도자가 흔한 지금은 상상도 못 할 일이지만, 옛날에는 여성에게 선거 투표권조차 없었어요. 1893년 세계 최초로 뉴질랜드에서 여성에게 투표권이 주어졌어요. 1918년 영국에서는 30세 이상의 여성에게 투표권이 주어졌고, 미국에서는 100년 가까운 투쟁을 거쳐 1920년에 여성 투표권을 인정받았어요. 이후 영국은 1928년, 프랑스는 1944년이 되어서야 남성과 마찬가지로 21세 이상의 여성에게 참정권을 인정했어요.

사회가 남성 중심이었으므로 여성은 거의 모든 면에서 불평등한 대우를 받았어요. 여러 나라에서 여성의 해방과 자유를 추구하는 운동이 일어났고, 교육, 직업, 재산권 등 여성의 사회적·경제적 권리를 주장했지요. 그러자면 법과 제도를 고치고 사람들의 생각을 바꾸는 게 중요했어요.

인권 운동에서 **여성 인권**은 가장 중요한 관심사 중 하나가 되었어요. 여성들은 폭력, 차별에서 자유롭고 건강권, 교육권, 투표권, 평등한 임금을 받을 권리 등을 획득하기 위해 노력했지요. 그 과정에서 엄청난 억압에 맞서 싸우고 용기 있게 남녀 평등을 외친 멋진 여성들이 있었어요. 그 덕분에 지난 100년을 돌이켜 보면 여성 인권은 더디지만 조금씩 발전할 수 있었지요.

하지만 유럽, 미국을 빼고 다른 세계로 눈을 돌리면 어떨까요? 아프리카와 아시아 개발도상국의 많은 여성이 여전히 사회적·경제적 평등을 제대로 누리지 못하고 있어요. 교육, 취업 기회, 정치적 참여가 제한되고 온갖 여성 차별이 전통이라는 이름으로 강요되는 경우도 많아요.

요즘에는 남녀 평등 대신 **양성 평등**이라는 표현을 쓰기도 해요. 남성, 여성 모두가 정치적·사회적으로 평등한 대우를 받아야 한다는 의미이지요. 그 사람이 어떤 사람인지, 할 수 있는 것과 할 수 없는 것이 무엇인지, 무엇을 좋아하고 싫어하는지, 해야 할 역할이 무엇인지를 판단할 때 그 사람이 남성인지 여성인지를 빼고 생각하는 습관이 중요해요. 모든 사람은 성에 따른 차별과 편견에서 벗어나 있는 그대로 대우받아야 할 권리가 있어요.

어떤 사람은 양성 평등의 문제를 남자와 여자의 대결로 생각하기도 해요. 또 여성 혐오, 남성 혐오와 같이 다른 성 전체를 싫어하고 배척하는 태도를 보이기도 하고요. 예를 들어 우리는 약한 사람을 괴롭히거나 남을 속여서 자기 이익만 챙기는 사람을 혐오할 수 있겠지요.

하지만 '여성'이나 '남성'이라는 대상 전체를 혐오하는 건 부당하고 비합리적인 일이에요.

　남성과 여성은 각각 세계의 반을 차지하고 있어요. 여성 모두를 적으로 돌리고 미워해 봐야 엄마, 여동생, 딸이 여성이고, 남성을 혐오하고 적으로 생각한다 해도 아빠, 오빠, 아들이 남자인 건 어쩔 수 없어요.

**남성과 여성은
각각의 강점과 아름다움을 지닌 존재예요.
세상에서 조화를 이루는
두 가지 빛깔 같은 것이지요.
맞서 싸우고 대결하라고 있는 게 아니라
서로를 채워 주고 완성해 주도록
함께 존재하는 거예요.**

찰리와 초콜릿 노동조합

"하루에 12시간만 일하고 일주일에 하루는 쉬게 해 주세요!"

1976년 어느 제과 공장 직원들의 외침이에요. 직원들은 하루 종일 사탕이나 껌을 포장하느라 손가락이 부르트고 피가 날 지경이었어요. 얼마나 일에 시달렸으면 하루 12시간 일하는 게 소원이었을까요?

노동자라고 하면 작업복을 입고 공장에서 일하는 사람을 떠올려요. 하지만 컴퓨터 앞에서 하루 종일 키보드를 치며 일하는 사람도 노동자예요. 은행이나 병원에서 일하는 사람도 노동자고요. 노동자는 임금을 받고 일하는 사람을 뜻해요. 우리 동네 어른들을 모아 놓으면 아마도 절반 이상이 노동자일 거예요. 그러니 노동자에 관한 이야기는 남의 이야기가 아니라 바로 우리 가족의 이야기랍니다.

노동자의 인권도 20세기 이후 많은 변화를 겪었어요. 미국과 유럽에서는 최저 임금 제도, 유급 휴가, 아동 노동 금지 같은 중요한 원칙이 생겨났어요. 1970년대부터 우리나라에도 노동 운동이 일어났고 전태일과 여러 노동 운동가들이 투쟁과 죽음을 통해 노동자의 비참하고 힘든 생활을 세상에 알렸어요.

한때 노동 운동은 사회에 혼란을 일으키고 공산주의자와 한패라는 누명을 받았어요. 하지만 노동이라는 말 자체에서 부정적인 의미는 하나도 찾을 수 없어요. 노동은 대다수의 사람들이 지금 하고 있는 일이고 앞으로 해야 할 일이에요. 사람들은 하루 중 대부분의 시간을 노동으로 보내고 그 보수를 받아 삶을 꾸리지요.

**노동권은 우리에게 보장된 중요한 인권이에요.
사회를 움직이는 중요한 일꾼인 노동자의 인권이
무시되는 사회는 건강한 사회라고 볼 수 없어요.**

노동권의 내용을 보면 우선 우리에게는 일할 권리가 있어요. 노동을 통해 사람들은 생계를 꾸리고 가족을 먹여 살릴 수 있지요. 우리는 또 안전한 환경에서 일할 권리가 있어요. 우리나라에서는 매년 800명 넘는 노동자들이 일터에서 목숨을 잃어요. 건물을 짓다가 높은 데서 떨어지고 기계나 장비에 부딪히거나 끼여서 목숨을 잃어요. 그래서 '산업 안전 보건법', '중대 재해 처벌법' 등이 시행되었어요. 하지만 이런 법이 생긴 이후에도 사망 사고는 크게 줄지 않았어요. 노동자들의 안전보다 회사의 이익을 높이는 데 더 신경을 쓰고 있어서예요. 또한 노동자는 고용이나 승진, 대우에서 차별을 받으면 안 돼요. 충분히 쉴 수 있는 권리도 중요해요. 기계가 아니라 사람이니까 쉬면서 해야 더 능률적으로 일할 수 있어요.

이 모든 것을 위해 노동자에게는 기본적인 세 가지 권리가 보장되어 있어요. **단결권**, **단체 교섭권**, **단체 행동권**이죠. 이 세 가지를 묶어서 **노동 3권**이라고 해요.

여러분이 영화 〈찰리와 초콜릿 공장〉에서 일하는 움파 룸파족 노동자라고 상상해 볼게요. 혼자서 사장님에게 노동 환경을 더 좋게 바꿔 달라고 말할 수 있을까요? 아무래도 상대가 사장님이라면 떨리기도 하고 쉽게 얘기를 꺼내기가 힘들지요. 하지만 움파 룸파족 100명이 단결해서 한목소리를 낸다면 이야기가 달라질 거예요.

움파 룸파족 동료들은 함께 힘을 모아 '초콜릿 공장 노동조합'을 세워요(단결권). 그리고 그중 1명이 노동조합 대표의 자격으로 사장님과 협상을 해요(단체 교섭권). 모든 노동자의 뜻을 모아서 사장님에게 전달하는 것이지요.

"사장님, 노동 시간을 반으로 줄여 주세요. 간식을 초콜릿 대신 치킨으로 바꿔 주세요. 초콜릿은 이제 냄새도 지긋지긋해요."

사장님은 건의 사항을 들어주기로 약속했어요. 하지만 노동 시간은 찔끔 줄고 간식은 초코 쿠키로 바뀌었어요. 화가 난 움파 룸파족은 초콜릿 생산 기계를 멈추고 파업에 나서지요(단체 행동권).

우리가 노동자라면 자신의 권리뿐 아니라 동료 노동자의 권리에 관심을 갖는 게 중요해요. 가끔 지하철이나 버스 기사들이 파업을 하면 생활이 불편할 때가 있어요. 하지만 파업은 노동자의 마땅한 권리이고, 우리는 그 뜻을 응원해 주어야 해요. 지난 수십 년 동안 수많은 노동자가 노동 환경을 나아지게 하려고 싸워 왔어요. 그렇게 노동자의 권리를 하나씩 챙겨 올 때마다 다른 노동자들도 덩달아 그 권리를 누렸지요. 오래전 자리 잡은 최저 임금 제도, 유급 휴가, 주5일 근무 같은 혜택을 오늘날 우리 모두가 누리고 있는 것처럼요.

우리가 그리는 미래 사회는 노동자가 아무도 다치거나 죽지 않고 모두가 행복하게 일하는 곳이에요. 하루빨리 그런 세상에서 노동자들이 더 존중받고 더 많은 권리를 누릴 수 있으면 좋겠어요.

〈인권 교실〉 식량권, 모든 인류의 권리

PART 4

인권을 둘러싼 고민들

서로 다른 권리가 충돌할 때

"폐암 위험 최대 26배!"

썩은 폐 사진과 함께 담뱃갑에 쓰인 경고 문구예요. 담배가 건강에 몹시 안 좋다는 사실을 누구나 알고 있어요. 그럼에도 누군가 담배를 피운다면 그건 그 사람의 자유예요. 담배를 피우는 것은 흡연자에게 **행복 추구권**이라고 할 수 있어요. 하지만 흡연자 옆에서 담배 연기로 숨이 막히는 사람은 **건강권**을 누리지 못해요. 이럴 때 흡연자는 다른 사람에게 피해를 주지 않도록 흡연 구역으로 가야 하지요.

**권리에는 한계가 있어요.
내 권리가 다른 사람의 권리를 방해해서는 안 돼요.**

이 경우 내 권리를 일부 **제한**하거나 **양보**해야 할 수도 있어요.

예를 들어 볼까요? 건물에서 밖의 경치와 풍경을 볼 수 있는 권리를 **조망권**이라고 해요. 또 **일조권**은 햇볕을 쬘 수 있는 권리이지요. 우리 집 앞에 한강과 북한산의 풍경이 펼쳐져 있다고 상상해 볼게요. 어느 날 30층짜리 빌딩이 우리 집 앞에 세워져 멋진 풍경과 햇볕을 가린다면, 빌딩의 주인은 조망권과 일조권을 해치지 않도록 건물의 높이나 위치를 조정해야 해요.

아프리카와 아시아의 가난한 지역에는 물고기나 새 사냥을 해서 먹고사는 사람들이 있어요. 다른 생계 수단이 없는 사람에게 사냥은 **생존권**을 지키기 위해 필요해요. 그런데 알고 보니 이들이 잡아서 구워 먹거나 내다 파는 새들이 전 세계에 2천 마리밖에 없는 멸종 위기 종이라면 어떻게 될까요? 멸종 위기 생물을 보호하고 생태계를 보전하는 것은 **환경권**의 문제예요. 이런 때는 생존권과 환경권을 조화롭게 지킬 방법을 궁리해야 해요.

자유롭게 총을 가질 수 있는 미국에는 4억 정이 넘는 총이 있어요. 그러다 보니 매년 총기 사고로 3만 명 이상이 목숨을 잃어요. 학교 안에서 발생한 총기 난사 사건으로 어린 학생들이 희생되는 안타까운 뉴스를 종종 볼 수 있지요. 그럴 때마다 총기를 규제해야 한다는 목소리가 높아져요. 총을 갖는 건 미국이 처음 건국했을 때부터 내려오는 개인의 권리예요. 스스로를 위험으로부터 지키는 **방어권**을 위해서지요. 하지만 동시에 미국인에게는 총기의 위협에서 **안전할 권리**도 있어요. 안전할 권리와 방어권을 위해 총기를 가질 권리, 과연 어느 것이 더 중요할까요?

　표현의 자유는 소중해요. 우리는 내 생각을 말이나 글로 표현해서 다른 사람들에게 알릴 수 있지요. 그런데 어느 날 우연히 김복남 미용실 원장님의 빽빽하고 풍성한 머리숱이 가발이란 것을 알고, 동네

방네 소문을 낸다면 어떻게 될까요? 명예 훼손으로 고소를 당할 수 있지요. 가발인 게 사실이더라도 남의 외모를 놀려서 **인격권**을 침해했기 때문이에요. SNS에 같은 내용으로 올린 글도 '사이버 명예 훼손'으로 처벌받을 수 있어요. 남의 인격과 명예를 망가뜨리면서 내 표현의 자유를 누릴 수는 없어요.

다른 민족이나 집단을 모욕하는 표현은 어떨까요? 다른 인종을 벌레나 동물에 비유해서 조롱하거나 증오심을 드러내는 사람이 있어요. 이런 표현을 '증오 발언(Hate Speech)'이라고 해요. 증오 발언은 언어폭력이고 다른 사람의 인격권을 침해하기 때문에 표현의 자유로 인정될 수 없어요.

예전에는 범죄자의 이름과 얼굴을 잘 공개하지 않았어요. 범죄자라 해도 인격권을 보호해야 한다고 생각했기 때문이지요. 하지만 이제 잔인한 범죄자나 성 범죄자는 이름과 얼굴을 공개해요. 국민의 **알 권리**를 보장하고 범죄를 예방하기 위해서지요.

이처럼 여러 가지 권리는 서로 충돌하는 경우가 많아요. 권리는 무한정 누리는 게 아니라 남의 권리를 방해하는 경우에 제한될 수 있어요. 또 자기가 어떤 권리를 누렸다면 그에 따르는 책임도 져야 하지요. 서로의 권리에 대한 **존중과 배려** 그리고 자기 권리에 대한 **책임**은 인권을 누리기 위해 누구나 갖추어야 할 기본자세예요.

호텔 같은 노르웨이의 감옥

감옥 하면 어떤 곳이 떠오르나요? 영화에 나오는 감옥은 바퀴벌레가 기어다니고 곰팡내가 진동하고 햇볕은 손바닥만큼만 들어오는 칙칙한 곳이지요. 그런데 호텔 같은 감옥이 있다면 어떨까요? 노르웨이의 감옥이 실제로 그래요. 감옥이지만 쾌적하게 지낼 수 있게 구석구석 신경 썼는지, 햇살이 가득 들어오는 창이 있고 깔끔한 침대, TV, 컴퓨터가 있어요. 시설이 너무 좋고 아늑해서 감옥이라는 생각이 전혀 들지 않지요.

우리나라의 교도소는 이 정도로 좋지는 않아요. 하지만 과거에 비해 환경이 크게 개선되었지요. 언젠가 뉴스에서 잔인한 살인 범죄자가 교도소에서 제공받는 메뉴를 공개한 적이 있어요. 쇠고기 떡국, 돈

가스, 만두 그리고 토요일에는 아이스크림이 나왔지요. 사람들은 "범죄자를 저렇게 잘 먹이다니 화가 난다! 우리 집 메뉴보다 더 낫잖아!" 하면서 흥분했어요.

착한 사람들의 인권만 챙겨 주어야 할까요?
인권은 모든 사람에게 보장되는 거예요.
범죄 혐의자나 죄수도 사람이기 때문에
똑같이 인권을 보장해 줘야 해요.

경찰이나 검찰은 영장 없이 사람을 마음대로 체포하거나 재판 없이 감옥에 가둘 수 없어요. 조선 시대 사극의 사또처럼 "네 죄를 알렷다! 저놈을 매우 쳐라!" 이런 것은 허용되지 않아요. 재판에서 유죄가 확정될 때까지는 아직 죄인이 아니기 때문이지요. 또 아무리 악한 범죄자라도 법정에서 변호인의 도움을 받아 '공정하게 재판받을 권리'가 있어요.

악당에 대한 복수는 영화에 흔히 나오는 이야기예요. 악당이 정의로운 주인공한테 흠씬 두들겨 맞는 장면에서 우리는 짝짝짝 박수를 치고 싶고 통쾌한 기분을 느껴요. 하지만 실제로 법은 이런 '사이다 복수'를 하지 않아요. 그래서 사람들은 범죄에 비해 법의 심판이 너무 약하다고 불만을 품기도 해요.

우리는 상대가 누구인지에 따라 친절을 베풀기도 하고, 못되게 굴기도 해요. 하지만 인권은 그 사람이 어떤 사람인지 보고 잘 대해 줄지 말지 결정하지 않아요. 단지 '인간'이란 이유만으로 최소한의 인권을 지켜 줘야 하지요. 이것이 바로 노르웨이에 호텔 같은 감옥이 있는 이유예요. 또 우리나라의 교도소에서 죄수들에게 제대로 된 음식을 주는 이유고요. 그만큼 인권이 존중받는 시대에 우리가 살고 있는 것이지요.

"사형 제도를 부활하자!"

잔인한 범죄자가 잡혀 공개되면 이렇게 말하는 사람들이 있어요. 2023년 기준으로 112개 나라가 사형 제도를 폐지했어요. 23개 나라는 사형 제도를 폐지하지는 않았지만 실제 사형 집행은 하지 않고 있어요. 우리나라도 그중 하나예요. 1997년 이후에는 사형을 집행하지 않고 있어서 사실상 사형 폐지국이지요. 반면에 중국, 이란, 사우디아라비아를 포함한 16개국은 사형을 집행하고 있어요. 이렇듯 대부분의 나라에서 사형 제도가 사라진 것은 아무리 국가라도 인간의 생명권을 침해할 수 없다는 생각 때문이에요.

죄수의 인권을 보호하고 사형 제도가 사라진 것은 정확히 말하면 범죄자를 위한 것만은 아니에요. 우리가 사는 공동체가 어떤 곳인지 보여 주는 것이기도 하지요.

**우리는 인권을 이렇게 중요하게 생각한다.
그럴 자격이 없어 보이는 사람들한테까지도!**

이렇게 선언하는 셈이지요.

우리가 사는 곳이 범죄자의 인권까지 지켜 주는 사회라면 우리처럼 평범한 사람의 인권은 더욱 철저히 지켜 주겠죠? 그만큼 우리 사회가 안전하다 여기니 마음을 놓을 수 있어요.

과거를 떠올려 볼까요? 남의 죄를 뒤집어쓰거나 조작된 증거로 억울하게 사형 선고를 받은 사람들이 있었어요. 고통스런 고문을 받고 자기가 짓지도 않은 죄를 자백한 사람들도 많았지요. 범죄자의 인권은 쉽게 무시되었어요. 우리가 아직도 그런 시대에 산다면 얼마나 두렵고 불안할까요? 그런 일이 나와 내 가족, 친구에게도 얼마든지 벌어질 수 있을 테니까요.

〈인권 교실〉 사형 제도가 폐지된 이유는?

PART 5

새롭게
생겨나는
권리들

쿠르디와 난민 가족의 이야기

2015년 9월 2일 튀르키예의 해변에서 한 아이가 죽은 채로 발견되었어요. 시리아의 두 살짜리 알란 쿠르디였어요. 시리아가 내전으로 살기 힘들게 되자 쿠르디의 가족은 고향을 떠나 다른 사람들과 함께 보트를 타고 그리스로 향하던 중 배가 뒤집혀 목숨을 잃었지요. 쿠르디의 죽음은 전 세계 사람들에게 충격과 슬픔을 안겼어요.

시리아, 아프가니스탄, 이라크, 소말리아의 많은 난민이 내전과 가난을 피해 지중해를 건너 유럽으로 향하고 있어요. 작은 배에 너무 많은 사람이 타다 보니 배가 뒤집혀 한 번에 수백 명이 익사하는 비극이 벌어지기도 해요.

난민들이 고향을 떠나 떠도는 이유는 여러 가지예요. 우선 정치,

종교, 인종, 민족의 차이 때문에 박해와 탄압을 받다가 도망치는 경우도 있고 쿠르디 가족처럼 전쟁을 피해 다른 나라로 피신한 난민도 있지요. 유엔 난민기구(UNHCR)에 따르면 시리아에서는 식량 부족과 내전으로 600만 명이 넘는 난민이 생겨났다고 해요.

경제적인 이유로 생긴 난민도 있어요. 흉년으로 굶주림에 시달리던 사람들이 이웃 나라로 피신하는 것이지요. 가뭄과 홍수로 고향 땅에 살 수 없게 되어 떠도는 환경 난민도 있어요. **유엔 난민기구의 통계로는 전 세계 난민의 수는 1억 명이 넘어요.**

난민은 가장 중요한 인권 보호 대상이에요. 우리가 가장 큰 어려움에 빠졌을 때를 생각해 볼게요. 예를 들어 테러리스트에게 납치되었을 때 우리를 구출해 주는 건 국가예요. 국가는 '최후의 피난처'라고 할 수 있어요. 그런데 국가가 나를 지켜 주지 못할 때 우리는 어디로 피해야 할까요? 또 나를 보호해야 할 국가가 오히려 나를 핍박하고 목숨을 빼앗으려 할 때는요? 난민들은 바로 그런 상황에 놓여 있어요. 그럴 때는 다른 나라에 가서 도움을 청하는 수밖에 없어요.

1951년 체결된 **유엔 난민협약**은 난민의 지위와 관련한 내용이에요. 자기 나라에서 정치적, 종교적, 인종적 이유로 박해를 받는 사람은 외국에 보호와 피난처를 요구할 수 있어요. 국적과 상관없이 모든 사람이 지닌 당연한 권리니까요. 이 사람들을 본국으로 돌려보내면 박해를 받거나 죽임을 당할 수 있기 때문에 다른 나라가 보호해 주어야 해요.

망명을 하는 사람도 있어요. 망명은 정치, 종교, 민족의 문제로 탄압을 받는 사람이 다른 나라로 피하는 것을 말해요. '세계 인권 선언'은 박해를 피해 다른 나라로 **망명할 권리**를 인정하고 있어요. 망명은 우리 근대 역사에서도 익숙한 일이지요. 많은 독립운동가들이 일제와 맞서 싸우기 위해 만주나 중국 대륙 곳곳으로 망명하곤 했어요. 국제법은 이러한 망명자의 권리를 보호하고 있어요.

아프리카나 중동 지역의 난민이 주로 향하는 곳은 잘사는 유럽 나라예요. 하지만 아프리카나 중동에서 몰려드는 난민이 너무 많다 보니 어려움이 있어요. 난민을 어떤 기준으로 얼마나 받아들일지, 또 낯선 사회에 어떻게 통합시킬지가 큰 고민거리랍니다.

난민들이 목숨을 걸고 바다를 건너 유럽에 들어왔어도 아직 끝이 아니에요. 대부분 힘든 일을 하면서 어렵게 살아야 해요. 차별에 시달리기도 하지요. "너희 나라로 돌아가라."고 외치는 차별주의자들에게 공격을 받기도 하고요. 국경을 넘어온 모든 사람을 받아 줄 수는 없겠지만 나라가 정한 법과 절차에 따라 인정된 난민을 우리 공동체가 품어 주는 것은, 인권을 생각하는 국제 사회의 **약속**이에요.

우리 시대의 권리들

가난한 시절에는 사람들의 욕구나 소망은 소박했어요. 흔히 하는 말로 '등 따습고 배부르면' 행복했지요. 또 군사 독재 시절에는 민주주의와 자유가 보장된 국가에서 살아 보는 게 최대의 바람이었어요.

이제 우리나라를 비롯해 많은 나라에서 굶주림과 독재에 시달리는 시대는 끝났어요. 대신 세상이 복잡해지고 민주주의가 발달하면서 자기주장을 담은 목소리가 다양해지고 있어요. 인권이 다루어야 할 영역은 그만큼 더 넓어졌지요. 우리 시대에 익숙해진 몇 가지 권리를 알아볼게요.

비슷한 품질의 학용품인데 '겨울왕국 엘사' 그림이 있으면 훨씬 비싼 이유가 뭘까요? 엘사 그림은 영화를 만든 디즈니 회사의 소유라서 아무나 가져다 쓸 수 없어요. 원작자가 자신이 창작한 캐릭터나 디자인에 대해 **지식 재산권**을 갖고 있거든요. 누군가 그 캐릭터를 쓰고 싶으면 사용료를 내야 하지요. 인기 캐릭터가 인쇄된 옷이나 가방의 가격에는 캐릭터 사용료가 포함된 거예요.

사춘기 때 손발이 오그라들게 쓴 글이나 나의 '흑역사' 같은 사진이 수십 년이 흘러도 인터넷에 그대로 남아 있다면 민망하겠지요? 인터넷 이곳저곳에 떠돌아다니는 나의 개인 정보도 문제예요. 그럴 때 이 모든 정보를 삭제할 권리가 바로 **잊혀질 권리**랍니다.

내가 7인조 아이돌의 멤버라고 상상해 볼까요? 가는 곳마다 나를 알아보는 팬들이 몰려들지요. 그런데 어느 날 식당 광고 전단지에 내 얼굴이 사용되었어요. '족발 세트 50% 세일'이란 문구와 함께요. 허락도 없이 광고에 나를 사용하다니! 이렇게 누군가 멋대로 내 사진을 쓸 경우 **초상권** 침해로 손해 배상을 청구할 수 있어요.

행복 추구권은 나에 관한 결정을 더 자유롭게 해 줘요. 개명을 예로 들 수 있어요. 과거에는 한번 정한 이름은 절대 바꿀 수 없었어요. 하지만 이제는 행복 추구권에 따라, 촌스럽거나 괴상한 이름 때문에 스트레스를 받는 사람이라면 법원을 통해 이름을 바꿀 수 있지요.

태어나기로 결정하고 태어난 사람은 없어요. 하지만 죽음의 때를 결정하는 사람이 있어요. 심각한 질병으로 살날이 얼마 남지 않았을 때 고통 속에 무의미한 시간을 보내기보다 의학의 도움을 받아 죽음을 앞당기는 것이지요. 스스로 품위를 지키며 죽는다고 해서 이것을 '존엄사'라고 해요. 존엄사는 **생명에 대한 자기 결정권**이라고 해요. 지금은 네덜란드와 스위스에서 인정되고 있는 권리예요.

지구는 미래로부터 빌려 쓰는 것이란 말이 있어요. 지구를 물려받아 살아가게 될 후손을 생각하면 지구 환경을 깨끗하게 잘 보전해야 해요. 헌법에는 **환경권**에 관한 조항이 있어요. 깨끗한 환경을 누리는 것은 모든 국민의 권리이고, 또 아직 태어나지 않은 미래 세대에게도 물려주어야 하는 권리예요.

> **헌법 제35조**
> 모든 국민은 건강하고 쾌적한 환경에서 생활할 권리를 가지며, 국가와 국민은 환경 보전을 위하여 노력하여야 한다.

이처럼 시대의 변화와 함께 새로운 권리가 생겨나요. 가령 인공 지능과 메타버스 같은 기술이 발달해 미래의 인류는 온라인 세계에서 더 많은 시간을 보내게 될지 몰라요. 그러면 '온라인 인권' 같은 것이 생겨나지 않을까요?

돼지도 행복하고 싶다

　동물은 고기, 젖, 가죽, 짐을 나르는 수단 등 사람에게 필요한 온갖 것을 제공해 줘요. 당나귀에게는 짐을 지우고, 닭은 삶아 먹고, 담비의 가죽을 벗겨 내어 옷을 만들지요.

　동물은 이처럼 오랫동안 인간에게 이용 대상으로만 취급받아 왔어요. 하지만 동물을 자율적이고 존중받아야 할 소중한 생명으로 여기는 생각이 생겨났어요. 인권은 사람이라면 누구에게나 주어진 것이지요. 마찬가지로 살아 숨 쉬는 모든 생명체에게는 '생명권'이 있어요.

모든 생명은 가치 있고 소중해요.
사람도 소중하고 동물도 소중해요.

사람의 권리도 제대로 누리지 못했던 시절에는 동물의 권리까지 챙길 여유가 없었지요. 하지만 인권이 존중받으면서 **동물권**도 관심을 받기 시작하고 있어요.

우선 동물은 학대와 고통을 받지 않을 권리가 있어요. 동물을 억압하는 환경에서 키우거나 고통스럽게 죽이는 것은 금지되지요. 과거에는 동물을 '생각이 없는 기계'라고 생각했어요. 그래서 마구 고통을 주어도 상관없다고 여겼지요.

고통을 피하고 싶은 마음은
　살아 있는 모든 생물이 똑같아요.
　　사람처럼 동물도 고통이나 공포를 느껴요.

도살장으로 끌려갈 때 소와 돼지가 얼마나 공포스러울지 상상해 보세요. 요즘에는 전기 충격 같은 방법으로 가축을 고통 없이 도살하기도 하지요.

한 발짝 더 나아가 보면, 동물도 행복할 권리가 있어요. 동물의 행복이 낯설게 느껴진다고요? 동물도 우리처럼 뽀송뽀송하고 따뜻한 잠자리에 눕고, 맛있는 음식을 먹고, 가족들과 평화로운 한때를 보내고 싶어 해요.

과연 동물은 감정이나 생각이 없을까요? 많은 과학자들이 연구해 온 주제예요. 굳이 과학자에게 묻지 않아도 고양이나 강아지를 키워 본 사람이라면, 한 번이라도 그 큰 눈망울을 들여다본 적이 있는 사람이라면 동물에게 감정이 있다는 사실을 알고도 남을 거예요. 동물도 자기만의 그리움, 슬픔, 기쁨을 표현할 줄 알아요. 인간만큼 섬세하고 복잡하지는 않지만 감정이 있지요.

동물은 생각보다 개성적인 존재예요. 좋아하는 것과 싫어하는 것, 버릇, 성격이 각기 다르답니다. 제인 구달 박사가 각각의 침팬지에게 사람 이름을 붙인 것도 그런 이유이지요.

돼지나 소에게 이름을 붙여 준다면 어떨까요? 어제저녁 식탁에 올라왔던 것이 돼지 토실이었다면요? 뒹구는 걸 좋아하고 호기심 많던 토실이. 하늘이 탁 트인 곳에서 햇볕을 받으며 톱밥을 뒤집어쓰고 노는 걸 좋아했는데…….

동물이 가족을 보살피고 어려움에 빠진 친구를 돕는 것도 똑같아요. 살쾡이가 다가올 때 날개 아래 병아리를 모으는 엄마 닭, 악어의 공격에서 새끼를 지켜 내는 엄마 가젤은 용기와 희생이 무엇인지 보여 주지요.

돌고래가 물에 빠진 사람을 구출했다는 뉴스도 종종 들을 수 있어요. 돌고래가 사람처럼 말을 할 줄 안다면 인터뷰에서 아마 이렇게 말할 거예요.

"어떻게든 살려야겠다는 생각이 들었어요. 어떤 돌고래라도 그 순간에는 저같이 했을 거예요."

얼마나 착하고 훌륭한 돌고래인지 몰라요.

물론 동물권에 신경 쓸 시간에 인권에 대해 더 관심을 갖자는 사람도 있어요. 하지만 사람은 사람대로, 고양이는 고양이대로 걱정해 주어야 해요. 너구리와 닭에 관심을 기울이는 사회라면 사람에 대해

서는 또 얼마나 깊이 생각해 주는 사회일까요? 우리가 '함께 사는 지구와 환경 공동체'라고 말할 때는 사람만이 아니라 동물과 생물 모두가 구성원이에요. **함께 잘 사는 세상**에서 '함께'에는 동물도 마땅히 포함되어야 하지요.

지구 환경이 위기에 빠진 요즘, 과학자들은 이렇게 강조하고 있어요. 생태계가 병들어 가고 가축들이 전염병을 앓는다면 인간만 건강할 수는 없다고요. 코로나19 같은 바이러스가 동물을 거쳐 인간에게 옮겨 오기 때문이지요.

동물이 건강해야 인간도 건강할 수 있어요.

인권뿐 아니라 동물권에도 관심을 기울여 인간과 동물이 함께 행복한 세상을 만들어야 하는 이유이지요.

〈인권 교실〉 모차르트에게 저작권이 있었다면

PART 6

인권과 차별

차별은 못 참지!

모든 사람이 완전히 평등해질 때는 언제일까요? 정답은 '무덤에 들어갈 때'랍니다. 죽고 나면 부자와 가난한 사람, 잘난 사람과 못난 사람, 힘센 사람과 약한 사람의 구분이 모두 사라지지요.

하지만 살아 있는 사람들의 세계는 많이 불평등해요. 인류 역사 내내 그랬지만 지난 30년 동안 부자와 가난한 사람의 격차는 더 벌어졌어요. 전 세계적으로 가장 긴급하고 중요한 숙제를 열 가지쯤 꼽자면 **양극화**와 **불평등**이 빠지지 않지요.

우리 사회에 있는 수많은 불평등과 차별은 인권의 목표를 이루는 데 방해가 돼요. 그래서 사람들은 온갖 형태의 차별을 고치기 위해 노력 중이지요.

세계 인권 선언과 우리나라 헌법은 모든 사람이 법 앞에 평등하다고 선언해요. 슬프게도 현실은 꼭 그렇지는 않아요. 권력이 있는 사람은 죄를 지어도 처벌을 피하거나 가벼운 벌을 받고, 힘이 없는 사람은 지나치게 무거운 처벌을 받는 일이 종종 일어나요.
　　재산이 많고 비싼 집에 산다고 해서 그렇지 못한 사람을 차별하거나 업신여기는 사람도 있어요. 어떤 사람은 자기가 고급 승용차를 탄다고 우쭐해하면서 소형차를 타는 사람을 낮잡아 보기도 해요. 하지만 자기가 전용기를 타더라도 겸손하고 당나귀를 타더라도 당당해야 멋있는 사람이지요. 무엇을 소유했는지에 따라 사람을 차별하는 것은 생각이 부족하고 배려심이 없는 행동이에요.
　　나이에 따른 차별은 어떤가요? 나이가 적다는 이유로 무시당해서는 안 돼요. 우리는 경험 많은 어른을 존경할 수 있어요. 하지만 그 누구도 나이가 많다는 이유만으로 거들먹거리거나 남을 깔보고 무시할 권리는 없어요. 나이는 누구나 먹는 것이고 그 자체로 대단한 것이 아니지요. 나이를 먹은 만큼 인품이 성숙하고 남을 배려하는 마음을 가졌는지가 중요해요. 반대로, 나이 든 사람을 무시하거나 차별하는 경우도 있어요. 나이가 많든 적든 서로를 존중하고 인권을 지켜 줘야 해요.
　　학력에 따른 차별도 있어요. 물론 우리 사회에서는 열심히 공부한 사람이 경쟁을 통해 더 나은 보상을 받을 수 있어요. 또 지식에 따라 맡은 역할에 차이가 있을 수 있고요. 우주선 설계 엔지니어를 뽑는다면 식품영양학과보다는 항공우주학과나 기계공학과 졸업생이 더 적합하겠지요. 하지만 어떤 사람을 처음부터 능력보다 출신 학교만으로 판단하거나 취업 기회를 제한하는 것은 부당한 일이지요. 요즘은 '블라인드 채용'이라고 해서 면접에서 졸업한 대학교 이름을 쓰지 않고 입사 시험을 보는 회사도 있어요. 공부를 잘한다는 건 그 사람의 여러 특징 중 하나이지 전부가 아니니까요. 학력만으로 그 사람의 능력 전체를 평가할 수는 없어요.

한 연구 결과에 따르면, 키가 큰 사람이 사회적으로 성공하고 급여도 더 많이 받을 가능성이 높다고 해요. 이처럼 외모 차별이 사람들을 좌절하게 만들기도 하지요. 하지만 사람의 됨됨이보다 외모만 보고 판단하고 차별하는 것은 큰 실수예요. 세상에는 외모와 상관없이 볼수록 매력 있는 사람도 있고 마음 깊은 곳에서 자신감이 반짝반짝 빛나고 말과 태도에서 신뢰감을 주는 사람도 있거든요.

출신 지역으로 우리 편, 네 편을 가르고 차별하는 사람들도 있어요. 지구에 적대적인 외계인들이 몰려온다면 지구인 대 외계인의 대결은 있을 법한 일이지요. 하지만 우리나라처럼 면적도 그리 넓지 않고 같은 언어와 문화를 공유한 나라에서 출신 지역으로 패거리를 나누는 건 좀 우스운 일이지요. 또 특정한 지역 출신에 대한 편견과 차별은 매우 심각한 인권 침해예요.

북한에서 넘어온 탈북민들에 대한 차별과 인권 침해 역시 문제예요. 탈북민이라는 이유로 따돌림과 무시를 당하거나 차별을 받는 건 부당한 일이에요. 우리가 어쩌다 남한에 태어났듯 어쩌다 북한에 태어나서 살던 동포가 더 나은 삶의 기회를 위해 온 것뿐이니까요. 부산, 인천, 대구, 제주 어디 출신이든 구분 짓지 않고 똑같이 대한민국 국민으로 여기듯 북한에서 온 동포들도 마찬가지예요. 탈북민이라는 꼬리표를 붙일 필요도 없이 똑같은 한국인으로 대해야 해요.

요즘 전 세계적으로 사회, 문화, 과학 분야에서 가장 주목받는 단어 중 하나는 **다양성**이에요. 성별, 국적, 신체적·경제적·사회적 조건, 신념, 사상, 종교, 문화 등 우리 사회를 이루는 다양한 요소를 받아들이고 그 가치를 인정해 주는 것이지요.

**우리 모두는 타고난 특징이 있고
저마다 다른 조건과 생각을 품고 있어요.
그 모든 다양성을 존중하고 품어 주는 것이야말로
인권의 첫걸음이랍니다.**

차별적인 언어

"남의 집 울타리를 넘어가지 마시오."

인권을 존중하는 것은 남의 울타리를 침범하지 않는 것과 같아요. 그런데 다른 사람의 인권을 침해하는 일이 우리 일상에서 생각보다 자주, 쉽게 벌어지고 있어요. 다른 사람을 차별하는 말만으로도 인권 침해를 할 수 있기 때문이지요. 때로는 그게 차별이라는 생각조차 하지 못한 채 말이에요.

1980년대에는 코미디가 큰 인기를 끌었는데, 이때 아주 개성적인 외모를 지닌 코미디언이 "못생겨서 죄송합니다."라는 유행어를 남겼어요. 당시 TV 개그 프로그램에서는 못생긴 외모가 흔한 개그 소재였어요. 뚱뚱한 남자, 못생긴 여자, 작은 키, 큰 머리를 놀려 먹는 개그였지요. 하지만 외모로 사람을 놀려서는 안 된다는 생각이 자리 잡기 시작하면서 이런 개그는 찾아보기 어렵게 되었어요.

남의 외모를 비하하는 것뿐 아니라 '머리가 나쁘다', '가난하다', '출신이나 사는 지역이 안 좋다', '나이나 성별이 어떠하다' 등 다른 사람을 평가하는 모든 말들이 **차별적인 언어**예요.

지금까지 **혐오**는 그렇게 자주 쓰는 단어가 아니었어요. 하지만 요즘에는 어떤 집단에 혐오라는 말을 붙여서 차별과 편견을 더 부추기기도 해요. 외국인 혐오, 노인 혐오, 여성 혐오, 남성 혐오 같은 말들이지요.

낙인은 농장 주인이 소유권을 표시하려고 소나 말의 궁둥이에 인두로 도장을 찍는 걸 말해요. 죽을 때까지 지워지지 않는 표식을 남기는 것이지요. 어떤 사람들의 집단을 낙인찍듯이 차별적인 말로 모욕하는 경우가 있어요. "○○ 지역 사람이 사기를 잘 친다.", "○○ 나라 사람은 목욕을 안 해서 더럽다.", "○○ 인종은 게으르고 머리가 나쁘다."와 같은 식이지요.

하지만 어느 집단이 통째로 그런 특성을 띠는 건 불가능한 일이에요. 그보다는 어느 나라와 민족이든지 구성원 중에 거짓말쟁이, 안 씻는 사람, 게으름뱅이가 있는 법이지요. 물론 깔끔쟁이, 부지런쟁이도 있고요.

"한국인은 모두 개고기를 좋아한다. 전부 야만적이다."

누군가 이렇게 말한다면 근거도 없고 터무니없는 말이라고 하겠지요? 인종이나 민족을 차별하는 말이 바로 그래요.

사람은 한 단어로 설명되지 않는 존재예요. 어떤 한 가지 배경을 보고 이러저러한 사람이라고 단정할 근거는 전혀 없어요. 사람은 수백만 마리가 몰려다니는 멸치 떼나 정어리 떼가 아니니까요. 사람마다 다양한 인격과 개성을 지니고 있어요. 또 각 사람의 정체성은 여러 가지 특징으로 이루어져 있고요.

예를 들어 어떤 사람이 자동차 정비사이며, 블루베리 케이크를 좋아하고, 웃을 때 오른쪽 눈썹이 올라가고, 말끝마다 "응?" 하는 말버릇이 있고, 오렌지 세 개로 저글링을 할 줄 알고, 풀벌레와 귀뚜라미 소리를 좋아한다면, 수만 명의 자동차 정비사 중에서 이런 특징을 가진 사람은 딱 한 명밖에 없지요.

하물며 거대한 집단 전체를 두세 개의 특징으로만 한정 짓는 건 터무니없는 일이에요. 인도인은 이래(14억 명), 중국인은 저래(역시 14억 명), 부산 출신은 요렇고(330만 명), 광주 출신은 저렇고(140만 명)…… 이런 식으로 뭉뚱그려 말할 수는 없어요. 한 명 한 명이 아주 복잡하고 개성적이며 독특한 존재니까요.

옛날에는 장애인을 업신여기거나 낮추는 말이 많이 쓰이곤 했어

요. 하지만 언론을 중심으로 장애인을 낮잡아 부르는 말을 고치기 시작했고, 바른 용어를 쓰는 것이 이제는 상식으로 통하고 있지요. 예를 들면 '정신지체자'를 '지적 장애인', '귀머거리'를 '청각 장애인', '벙어리'를 '언어 장애인', '장님'을 '시각 장애인'이라고 해요. 장애인에게 상처 줄 생각은 없었지만 잘 몰라서 이런 말을 썼다면 이제부터라도 고치면 돼요.

오래전 다쳐서 찢어지고 깨진 것은 상처가 아물고 시간이 지나면 기억에서도 가물가물해져요. 하지만 말에 맞은 상처는 오래가요. 수십 년 전에 들었던 폭력적인 말들이 여전히 아픔을 주거든요.

말 한 마디가 상대방의 인권을 세워 줄 수도, 상처를 줄 수도 있어요.

어떤 사람들은 이렇게 말해요.
"오해하지 마. 나는 나쁜 뜻으로 말한 게 아니야."
하지만 듣는 사람이 어떻게 듣느냐가 더 중요해요. 작은 단어 선택에서부터 세심하게 상대방을 배려해야 해요.

인종 차별 뛰어넘기

해외에서 축구 선수로 활약 중인 손흥민 선수가 봉변을 당했어요. 경기 중 한 관중이 손흥민 선수에게 '눈 찢기'를 한 것이지요. 아시아인은 눈이 작고 찢어졌다는 편견에서 나온 '눈 찢기'는 아시아인에 대한 혐오와 차별을 드러내요.

인터넷 생방송을 하던 어느 한국 여성도 미국의 백인 여성에게 '눈 찢기' 조롱을 당했어요. 심지어 한국 여성의 눈이 백인 여성보다 2배쯤 큰데도 그런 차별적인 행동을 했지요. 눈이 크든 작든, 찢어졌든 땡그랗든, 다 똑같은 사람인데 그게 놀릴 거리가 되나요? 땡그란 눈이 우월하다고 자랑할 근거가 어디에 있나요?

알지도 못하는 상대방을 단지 어떤 인종이라는 이유로 놀리고, 모욕하고, 심지어 폭력을 휘두르는 경우도 있어요.

특히 코로나19 기간 동안 미국과 유럽에서는 인종 혐오 범죄가 자주 일어나 사회적인 문제가 되었어요. 단순히 코로나19가 아시아에서 시작됐다는 이유 때문이었지요. 요즘 인종 차별은 사람들의 비난을 살 뿐 아니라 범죄로 처벌받을 수도 있어요.

'인종주의'는 어떤 인종 집단을 편견이나 차별, 증오로 대하는 것을 말해요. 우리나라는 '인종의 벽'이 높은 나라에 속해요. 다른 인종의 사람이 우리 사회에 스며들어 어울리는 데 어려움을 많이 느낀다는 말이지요.

부끄러운 이야기를 하자면, 우리 중에는 백인에게는 깍듯하게 대하면서 아시아나 아프리카 대륙 출신을 멸시하는 사람이 있어요. 예전에는 얼굴에 까만 칠을 하고 흑인 흉내를 내는 개그를 자주 볼 수 있었어요. 흑인을 '깜둥이'라고 부르는 사람도 흔했고요. 인종 차별이 무엇인지 제대로 분간하지 못하던 시절의 일이지요. 혹시 마음속에 여전히 피부색으로 사람을 차별하는 마음이 있다면 깊이 반성해야 해요.

인종 차별과 편견은 사실과 다른 이야기나 정보를 듣고 생긴 경우가 많아요. 하얀 피부의 유럽계 인종이 더 아름답고 우월하다는 것도 알고 보면 누군가 선입견으로 넣어 준 잘못된 생각이에요. 외모와 피

부색은 다양성을 띤 자연계의 법칙일 뿐인데, 우열을 가르는 기준이 되어 여전히 우리 속에 단단하게 뿌리내리고 있어요.

동남아시아에서 우리나라에 일하러 온 노동자를 차별하는 사람들은 이렇게 말해요.

"외국인은 범죄도 잘 저지르고 우리 일자리도 빼앗아 간다."

사실이 아니에요. 외국인 노동자들은 주로 한국인이 기피하는 힘든 일을 하고 있어요. 농사를 짓거나 공장이나 건설 현장에서 일을 해요. 또 비율로 따지면 우리나라 사람보다 외국인 범죄율이 더 낮다는 게 진실이지요.

인종 차별은 아주 위험한 생각이에요. 처음에는 뜬소문과 비방으로 어떤 인종이나 민족에 대한 차별과 증오를 퍼뜨려요. 그러다가 그 사람들에게 주먹을 휘두르고 돌을 던지고, 차별하는 법과 제도를 만들고, 도시 밖으로 내쫓거나 어딘가에 가두고, 마침내 인종 학살을 벌여요. 인류 역사에서 너무나 자주 반복된 일이에요. 인종 차별을 싹부터 잘라 내야 하는 이유이지요.

인종 차별, 인종 편견을 뛰어넘기 위해 필요한 마음가짐은 무엇일까요? 나라 대 나라가 아니라 사람 대 사람으로 대하는 거예요. 우리가 어떤 인종이나 민족을 하나의 집단으로 대하면 막연한 두려움과 편견에 사로잡히게 돼요. 그 민족에 대해 좁쌀만큼밖에 알지 못하지만, 편견과 오해는 산처럼 높지요.

**개인 대 개인으로 만난다면
좋은 사람이 엄청 많다는 사실을 알게 될 거예요.
우리가 관심을 갖고 알아 가야 하는 대상은
그 한 사람 한 사람이에요.**

그저 들은 이야기로 14억 명의 인도인이 어떠하다고 단정하는 게 아니라 지금 내 앞에 있는 단 한 명의 인도인이 어떤 사람인지 경험하는 게 중요해요.

〈인권 교실〉 공부 없는 나라

PART 7

내 삶 속의 인권

절대로 작아지지 마

친구를 따돌리고 괴롭히는 학교 폭력 사건이 뉴스에 자주 등장해요. 그 상처가 얼마나 깊은지 학교 폭력을 경험한 사람은 어른이 되어서도 마음의 고통이 남아 있어요. 드라마에서처럼 무섭게 복수하지는 않지만 가해자를 고발하거나 언론에 폭로하기도 하지요.

사람은 왜 누군가를 못살게 굴까요? 남을 괴롭히는 마음은 대체 무엇일까요? 인간의 마음에는 아름답고 빛나는 것도 많지만 어두운 구석도 있어요. 나보다 약한 사람을 괴롭혔는데 마음 한쪽이 시원하거나 재미가 있다면 그 어두운 마음을 확인한 거예요. 다른 사람이 아니더라도 곤충이나 작은 짐승을 괴롭혀 본 경험이 있다면 그때의 심술궂은 마음과도 조금 비슷해요.

먼저 알아야 할 건, 학교 폭력과 따돌림은 다른 사람의 인격을 파괴하는 행동이라는 사실이에요. 인격은 우리의 전부라고 할 수 있어요. 우리의 인격은 유일하고 고유한 것이어서 아무도 침해할 수 없어요. 우리는 각자를 존중해야 하고 그 누구도 함부로 대해서는 안 돼요. 동급생을 괴롭히는 것은 누군가 만든 눈사람을 부수는 것처럼 가벼운 장난이 아니에요. 다른 사람의 인권을 깡그리 무시하는 심각한 잘못이에요. 인류가 지난 수백 년 동안 힘들게 만들어 온 인권 정신을 해치는 일이기도 하지요.

학교 폭력의 가해자는 누군가를 괴롭히면서 재미와 즐거움을 느낄지 몰라요. 또는 누군가를 질투하거나, 힘이 세어 보이고 싶거나, 또는 내가 괴롭힘당하지 않으려고 남을 괴롭히는 경우도 있겠지요.

우리는 스스로에 대해 자부심을 가지라는 말을 자주 들어요. 하지만 남을 괴롭히고 인격을 짓밟는 사람은 그 자부심을 스스로 내팽개친 것이랍니다. 한없이 부끄러운 일이지요.

내가 학교 폭력의 피해자라면 거대한 벽 앞에서 숨이 막히거나 바위에 내리눌리는 느낌을 받을 거예요. 상대방은 나를 깨뜨리고 작아지게 만드니까요. 하지만 학교 폭력은 그럴 만한 이유가 있어서 당하는 게 아니에요. 모자라거나 약하거나 부족해서도 아니에요. 누구라도 아무 이유 없이 그런 일을 겪을 수 있어요.

**그럴 땐 온 힘을 다해
작아지길 거부하고 맞서야 해요.
물론 혼자서는 두렵다는 걸 알아요.
나를 아껴 주는 사람들과 손을 잡고
함께 맞서야 하지요.**

깜깜한 터널 속에 있는 느낌이겠지만 밖으로 나와 보면 내 편이 훨씬 많이 있어요. 해결책이나 피할 곳은 언제나 있고 그 순간은 머리가 멍할 정도로 힘들지만 결국 다 지나가는 일이랍니다. 그러니 절대 움츠리거나 작아지면 안 돼요.

또 내 친구가 학교 폭력을 겪는다면 '나만 아니면 괜찮아.'라고 생각해선 안 돼요. 수업 시간에 전화 통화를 하거나 지하철에서 사발면을 먹는 사람은 없어요. 다른 사람의 눈총이 무섭기 때문이지요. 마찬가지로 누군가 학교 폭력을 저지르면 모두가 눈을 동그랗게 뜨고 지켜봐야 해요. 처음에는 두세 명이, 다시 열 명이, 나중에는 백 명이 똘똘 뭉쳐서 학교 폭력과 따돌림을 막아야 해요. 어른들에게 적극적으로 도움을 요청해야 하고 학교 폭력이 허용되지 않는 교실을 만드는 게 중요해요. 아무도 그런 일을 당하지 않는 공동체를 만들면 모두가 안전해지니까요.

마동석 아저씨와 빨간 모자

1912년 대서양을 건너 미국 뉴욕으로 향하던 여객선 타이타닉호가 침몰했어요. 승객은 2천 명이 넘었는데 구명정의 수는 충분하지 않았어요. 선장은 여자와 어린이를 먼저 구조하라고 명령했어요. 남자들은 여자와 어린이에게 구명정 자리를 양보했지요. 이렇듯 **약자를 돕는 정신**은 인류의 오래된 원칙이에요.

인권의 밑바탕에 있는 정신도 약자를 보호하는 거예요. 약자는 자기 권리를 주장하기 어려워요. 가장 대표적인 약자는 어린이지요. 또 우리나라에 온 외국인 노동자들은 월급이 밀리거나 부당한 인권 침해를 당하는 경우가 많아요. 우리말도 서투르고 우리나라 법에 대해 잘 알지 못하기 때문이지요. 그럴 때 이들을 대신해 목소리를 내고

잃어버린 권리를 찾아 주는 것은 중요해요.

회사의 회장님이 인권 침해로 억울한 일을 당하면 어쩌나 걱정해 주지 않아도 돼요. 회장님에게 덤비는 사람도 별로 없겠지만, 혹시 있더라도 회장님은 변호사들을 한가득 데려올 수 있으니까요. 하지만 도로변에서 소쿠리에 고사리를 담아 파는 할머니는 억울한 일을 당했을 때 어디에 도움을 부탁할지 막막할 거예요.

덩치와 힘이 무시무시한 마동석 아저씨는 어두운 밤길이나 벌판에 혼자 내버려둬도 안심이 돼요. 하지만 열 살짜리 빨간 모자 소녀를 밤중에 혼자 내보낼 수는 없어요.

물론 회장님과 마동석 아저씨의 인권이 중요하지 않다는 뜻은 아니에요. 그들에게는 스스로를 지킬 힘이 있다는 거지요. 약자는 스스로의 권리를 어떻게 지켜야 할지, 누구에게 도움을 요청할지 알지 못해요. 그럴 때 조금 더 많이 알고 힘이 있는 사람들이 도와줄 수 있어요. 그래서 약자들을 대변하기 위해 여러 시민 단체나 인권 변호사들이 활동 중이지요.

국가 역시 약자를 돌보는 방식으로 제도와 정책을 다듬어 왔어요. **우리 사회에 있는 소수자와 약자는 누구일까요?** 장애인, 노인, 외국에서 온 이주 노동자, 북한에서 온 동포 등을 들 수 있겠지요. 또 형편이 어려운 사람들도 있어요. 가장 약한 사람의 권리를 지켜 주는 사회야말로 우리가 살고 싶은 수준 높은 사회라고 할 수 있어요.

"강한 사람이 살아남는다."

이것은 정글의 법칙이에요. 하지만 우리는 치타나 하마가 아니고, 우리 사회는 야생의 정글이 아니지요. 우리는 강하거나 약하거나 모두가 함께 어울려 살아가야 해요. "왜 약자를 꼭 도와줘야 하나요?"라고 묻는 사람이 있을까요? 그건 남을 돕는 데서 보람을 느끼는 것이 인간의 특성이기 때문이에요. 폐지 줍는 할머니를 돕거나 버려진 강아지를 보살피면 우리는 마음이 뿌듯하고 으쓱한 기분이 들어요. 그 뿌듯함이 어디서 나온 건지 설명하기는 힘들어요. 그저 "우리의 마음이 그렇게 생겼어."라고 말할 수밖에요.

약자의 권리를 지키는 일은 나를 위한 일이기도 해요. 사막이나 거친 초원 지역에는 낯선 손님이라도 집에 묵게 하고 극진히 대접하는 풍습이 있어요. 외딴 환경에서는 사나운 늑대 무리를 만나거나 추위에 얼어 죽거나 굶어죽을 수 있거든요. 그럴 때 도움의 손길이 있다면 살 수 있겠지요. 집주인은 다음 날 먼 길을 떠나는 손님에게 치즈나 말린 고기를 챙겨 줘요.

이렇게 친절한 이유는 사람들의 마음이 따뜻해서이지만, 자신도 언젠가는 도움이 필요한 여행자 입장이 될 수 있다는 생각 때문이에요. **내가 베푼 친절과 도움이 언젠가 나에게 돌아오니까요.**

우리는 한국을 떠나는 순간 낯선 이방인이 돼요. 그럴 때면 우리나라에 사는 외국인의 어려움을 체험할 수 있지요. 또 살다 보면 다치거나 병이 들어 장애인이 될 수도 있어요. 누구든 언젠가 늙고 병들게 되는 것은 정해진 사실이지요. 이렇듯 누구라도 약자의 처지가 될 수 있어요. 약자가 보호받는 세상을 만들어 놓으면 우리 역시 그런 도움이 필요할 때 보호받을 수 있지요.

학자들의 연구에 따르면, 불평등이 심하고 권리를 박탈당한 사람이 많을수록 그 사회에 폭력이 많고 범죄율도 높다고 해요. 외국에 가 보면, 빈부 격차가 심해서 이쪽은 판자촌, 저쪽은 부자들의 저택이 있는 지역이 있어요. 부자들은 전기 담장을 두르고 대문 앞에는 총을 든 경비를 세워 집을 지키게 하지요. 대낮에도 강도를 만날까 봐 거리를 마음 놓고 돌아다니지 못해요.

우리가 살고 싶은 곳은 누구나 안전하게 밤길을 걸을 수 있는 동네예요. 다른 사람의 인권을 보호하는 것은 사회 전체의 수준을 끌어올려서 우리 집과 동네를 더 살기 좋은 곳으로 만드는 일이지요. 세상을 더 좋게 만들수록 그 혜택은 나에게도 돌아와요. 약자의 인권을 돌보는 일은 힘없는 약자를 위한 것, 이름 모를 사회 구성원들을 위한 것, 나의 이웃과 친구들을 위한 것 그리고 결국 나 자신을 위한 것이에요.

우리 모두는 행복할 권리가 있다

맨 처음 질문으로 돌아가 볼게요. 우리에게 인권은 왜 필요한 것일까요? 바로 행복하게 살기 위해서예요.

행복이란 무엇인가?에 대해서는 백만 가지 의견이 있을 수 있어요. 여기서는 행복을 잘 먹고, 건강하고, 가족과 편안하게 삶을 누리고, 열심히 일해서 보상을 받는 것으로 정의해 볼게요.

우리나라는 과거와 비교하면 매우 살기 좋은 나라가 되었어요. 그런데 과연 행복한 나라라고 말할 수 있을까요?

현재 우리나라의 출생률은 세계에서 거의 꼴찌예요. 자살률과 노인층 빈곤율은 OECD(경제협력개발기구) 국가들 중 1위이지요. 빈부 격차와 경제적 불평등도 높은 편에 속해요. 이러한 통계들은 우리 사회 곳곳에 인권 보호와 보살핌을 받아야 하는 사람이 여전히 많다는 사실을 의미해요.

행복하려면 우리는 인권이라는 장치를 통해 안전을 보장받아야 해요. 높은 건물을 짓는 공사장이나 공중곡예 무대 아래에는 안전그물이 설치되어 있어요. 떨어져도 죽거나 다치지 않게 해 주는 안전망이지요. **인권 보호**는 바로 그런 **안전그물**과도 같아요. 인권이 보장된 사회라면 우리는 어떤 경우에도 부당한 대우를 받지 않아요. 인간이 누릴 권리를 충분히 보장받을 수 있어요.

또한 행복의 요건에서 빠뜨릴 수 없는 건 인간관계예요. 나 혼자만 행복하다고 끝이 아니라 내가 속한 공동체와 이웃도 행복해야 해요. 성탄절 저녁 나는 따뜻한 식탁에서 바비큐를 먹고 있는데 창문 밖에 성냥팔이 소녀가 손을 호호 불며 돌아다닌다면 정말 행복할 수 있을까요? 나는 친구들과 재미나게 놀고 있는데 한 명만 구석에서 슬픈 얼굴을 하고 쭈그려 앉아 있다면요?

우리는 어울려 사는 존재이기 때문에 혼자만 행복해질 수 없어요. 나도 행복하고, 너도 행복하고, 모두가 행복해서 우리가 사는 곳이 함께 행복한 세상이 되면 더 좋겠지요. 그러므로 인권의 정신은 다음의 한 문장으로 정리할 수 있어요.

"우리 모두는 행복할 권리가 있다."

우리가 지닌 행복 추구권은 모든 인류의 권리예요. 세상에는 여전히 가난, 기아, 질병, 전쟁이 가득해요. 인권 운동가들은 수단, 미얀마와 같이 인권 상황이 안 좋은 나라의 사람들을 돕고 그 사람들의 권리를 함께 지키자고 외쳐요. 또 유엔과 인권 단체는 북한이나 시리아의 인권 개선을 주장하는 결의안을 내기도 해요.

인권을 위해 노력하는 것은 인권 전문 단체와 인권 활동가들만의 일이 아니에요. 인권을 빼앗기고 부당한 대우를 당하는 사람이 주변에 있다면 물구덩이에 빠진 사람을 건져 내듯 도움을 주어야 하지요. 그러기 위해서는 우리 모두가 주변 세상을 좀 더 관심과 애정의 눈으로 바라봐야 해요.

세상이 발전해 가면서 인권은 꾸준히 확장되고 개선되어 왔어요. 앞으로도 그렇겠지요.

**우리가 꿈꾸는 미래는 사람을 더 귀하게 여기는 세상,
힘든 일을 하는 노동자가 존중받는 세상,
약자가 보살핌을 받고 아무도 소외되지 않는 세상,
모두가 행복한 세상일 거예요.**

〈인권 교실〉 갑질 고객과 오영우

오늘부터 세계시민 01

처음 시작하는
너와 나의
인권 수업

초판 1쇄 발행 2025년 4월 7일
초판 2쇄 발행 2025년 9월 22일

지은이 | 홍명진
그린이 | 이진아
펴낸이 | 한순 이희섭
펴낸곳 | (주)도서출판 나무생각
편집 | 양미애 백모란
디자인 | 박민선
마케팅 | 이재석
출판등록 | 1999년 8월 19일 제1999-000112호
주소 | 서울특별시 마포구 월드컵로 70-4 (서교동) 1F
전화 | 02)334-3339, 3308, 3361
팩스 | 02)334-3318
이메일 | book@namubook.co.kr
홈페이지 | www.namubook.co.kr
블로그 | blog.naver.com/tree3339

ISBN 979-11-6218-346-5 73300

값은 뒤표지에 있습니다.
잘못된 책은 바꿔 드립니다.

＊종이에 베이거나 긁히지 않도록 조심하세요.
＊책 모서리가 날카로우니 던지거나 떨어뜨리지 마세요. (사용연령: 8세 이상)
＊KC마크는 이 제품이 공통안전기준에 적합하였음을 의미합니다.